Liebe Leserin,

lieber Leser,

Sehnsucht wächst exponentiell mit der Entfernung und dem Grad der Verliebtheit. Das erfuhr ich, als ich mit knapp 20 Jahren Abend für Abend auf den nebligen kanadischen Atlantik blickte, nach Osten, hin zu meiner großen Liebe. Ich wohnte bei Elisabeth Mann Borgese, in diesem kleinen Haus am Meer in Nova Scotia, und hörte an solchen Tagen nur das einsame Nebelhorn draußen vor der Bucht. Und so fing ich an zu schreiben. Jede Zeile half, und jeder abgeschickte Brief war voller Hoffnung und Erwartung und erleichterte mein Herz voller Heimweh. Noch viel aufregender und erfreulicher war es, wenn ich am entfernten, an der Landstraße nach Halifax gelegenen Sammelbriefkasten ihre Antworten erhielt. Ich besitze sie alle noch, fein säuberlich zusammengebunden, denn sie bedeuteten mir alles aus dieser Sturm- und Drang-, aber eben auch Heimweh- und Sehnsuchtszeit. Der unüberwindliche Ozean stand zwischen uns – und so erging es Tausenden und Abertausenden Menschen in den letzten Jahrhunderten. Liebesbriefe waren die einzige Möglichkeit, Ängste, Hoffnungen, Freud und Leid ganz intim dem gerade einzig geliebten Menschen mitzuteilen und somit gleichsam Raum und Zeit zu überwinden. Wir haben Ihnen in der vorliegenden Ausgabe verschiedene Liebesbriefe, die die Meere zu überwinden hofften, zusammengetragen (Seite 66).

Über das größte Riff der Welt, das Great Barrier Reef vor Australien, werden wir wahrscheinlich sehr bald nur noch einen Nachruf schreiben können. Dann werden 400 der auf der Erde 700 vorkommenden Korallenarten, 1500 Fischarten, 3000 Einzelriffe, aber auch 70 000 Arbeitsplätze und mehr als drei Milliarden Euro Einnahmen durch den Tourismus verschwunden sein. mare-Wissenschaftsredakteur Jan Keith wollte sich nicht auf Sekundärquellen verlassen und reiste nach Australien – und fand, neben viel Angst und Pessimismus, auch ein wenig Hoffnung (Seite 104). Wissenschaftler aus der ganzen Welt arbeiten dort an Strategien, das Riff zu erhalten, wenn auch nur einen Teil, denn wirklich aufzuhalten ist der Vorgang, der durch Erwärmung des Wassers infolge der Klimaveränderungen die Riffe tötet, nicht. Das kann nur die Politik, wir Wähler, also wir Menschen.

Und quasi in eigener Sache: In der vorliegenden Ausgabe finden Sie einen Beitrag darüber, wie ein Schiffskapitän seine Flugangst überwand und selbst Pilot wurde (Seite 58). Kapitäne müssen von und zu ihren Einsatzorten fliegen. Wenn auch Sie unter Flugangst leiden, aber ab und zu fliegen müssen: Unser Buch „Ich kann fliegen!", das in diesen Tagen erscheint, erklärt die Psychologie hinter den Ängsten und kann Sie davon befreien (www.mare.de/flugangst).

Viel Spaß beim Lesen wünscht Ihnen

Nikolaus Gelpke

Reportage: Krim – wo Lebenskunst mehr Macht hat als Putins Militär

Politik: Im Dienst von Bedrohung und Tod – Italiens Marinetaucher

Politik: Die Kunst der Rebellion – zwei Frauen allein gegen Nazis

Leben: Kapitän zur See wie in der Luft – ein Mann besiegt Flugangst

Titel: Liebesbriefe übers Meer – Papier voller Träume, Sorgen, Sehnsüchte

Wissenschaft: Mit dem Barriereriff stirbt auch die Tourismusindustrie

Wissenschaft: mare-Serie „Polarstern“: „Wo ist unsere Eisscholle?“

Titelbild

Unsere, wie wir finden, bezaubernde Titelillustration stammt aus der Feder des 1965 in Rendsburg geborenen Illustrators und Künstlers Olaf Hajek. Er gehört zu den Besten seines Metiers. Der einstige Student der Düsseldorfer Peter Behrens School of Arts lehrt heute selbst und arbeitet für viele der führenden Magazine in aller Welt sowie für internationale Konzerne.

mare

Die Zeitschrift der Meere

Hausnachrichten No. 86 Februar/März 2020

Exklusiv für mare-Abonnenten

Fliegt, aber nicht auf Schlangen: Autor Marc Bielefeld (Mitte)

Fliegen, Angst und Schlangen

Autor Marc Bielefeld ist bereits zweimal in einem Tragschrauber geflogen, saß als Passagier in dem offenen Cockpit und blickte auf die weite Welt tief unter ihm. Angst, sagt er, habe er dabei nicht gehabt. Im Gegenteil: Das Fliegen in dem kleinen Gefährt sei eine Freude gewesen. Auch bei sonstigen Ausflügen in der Luft und zu Wasser habe Bielefeld bisher selten Angst verspürt – sei es beim Fallschirmspingen, Wracktauchen oder bei viel Wind auf einem Segelboot.

Dennoch kann er sehr gut nachvollziehen, von einer unerklärlichen Angst überwältigt zu werden: Bielefeld hat panische Angst vor Schlangen. Des Öfteren schon hat er versucht, sich davon zu befreien. Das letzte Mal in Marrakesch, wo ihm die Schlangenbeschwörer auf dem zentralen Marktplatz Djemaa el Fna eine Viper um den Hals legen wollten. Bielefeld: „Ich wurde hektisch, allein schon bei dem Gedanken, es zu wagen. Dann wollte ich mir ein Herz nehmen, aber als der Schlangenbeschwörer mit dem Tier immer näher kam, schreckte ich doch wieder zurück und ließ es am Ende sogar bleiben, die Schlange auch nur zu berühren."

Bielefeld hat darum großen Respekt vor allen Menschen, die ihre Ängste bewusst bewältigen, egal, welche. Und er kann sie gut verstehen. „Wenn mir jemand von Flugangst, Höhenangst oder ähnlichen Schreckenszuständen berichtet, muss ich nur an Schlangen denken – schon stellen sich mir die Nackenhaare auf."

Aus der Redaktion,
„Käpt'n Fliewatüüt",
Seite 58

Herzblätter

Als ich den Auftrag bekam, über Liebesbriefe zu schreiben, die übers Meer, also über weite Distanzen verschickt wurden, teilweise mit der Ungewissheit, ob die Liebenden sich je wiedersehen, musste ich an einen Brief denken, den ich selbst vor vielen Jahren bekam. Er begann mit den Worten: „… es ist drei Uhr, und es regnet gerade, und ich bin traurig. Du bist schon abgefahren …" Ich war auf einem Schüleraustausch gewesen; er war Italiener. Im Brief gestand er mir, dass er zu schüchtern gewesen war, mir zu sagen, wie er mich fand. Ich war hingerissen, als ich den Brief bekam. Und sah meine Zukunft (ich war 15) bereits in Italien. Natürlich kam es anders.

Aber natürlich machen Liebesbriefe auch etwas mit einem. Sie berühren und betören (zumindest, wenn es gut läuft), und sie schaffen eigene Welten. Sie zeigen, wie nah man sich ist oder wie fern und auch, was man überhaupt unter Liebe versteht. Deshalb ist es so interessant, sie zu lesen – auch die von Fremden. Weil sie Fenster in andere Lieben sind, deren Vielfalt und Verrücktheit. Und noch etwas: Liebesbriefe machen uns alle, auch jene, die sonst nie schreiben, zu Autoren. Ohne dass wir es je gelernt hätten. Denn wer bringt uns schon bei (von Ratgebern einmal abgesehen), wie man sie schreibt, wenn nicht das eigene Herz? Hier im Heft gibt es Einblicke darin, wie andere die Herausforderung lösten. Sie schrieben auf Schiffen, bei Wellengang oder Flauten, in Angst oder Langeweile, von fernen Inseln oder im letzten Ringen mit dem Tod. Eine Briefforscherin und zwei Historikerinnen helfen beim Dechiffrieren – beim Bergen der Schätze von Schätzen.

Andrea Walter,
„Das Meer dazwischen",
Seite 66

Putin-Groupie

Seit meiner sowjetischen Kindheit versuche ich, große Menschenmengen zu meiden. Vielleicht hatte ich einmal eine Überdosis des kollektiven Bewusstseins. Vielleicht bin ich ein viel zu zartes Wesen. Besonders Militärparaden quälen meine Augen und mein Gehör. Doch für mare arbeiten keine Schwächlinge! Ja, man muss

Aus dem Weg! Einer Putin-Verehrerin wird über die Straße geholfen

sich schon selbstlos opfern können. Also habe ich mich entschieden, in Sewastopol eine Militärparade zu fotografieren. Von Anfang an lief alles schief. Ein ehemaliger KGB-Offizier hat mir ein schwarz-oranges Bändchen angeboten, welches ich dankend abgelehnt habe. Solche Bändchen trägt man heutzutage in Russland, um seinen Patriotismus sichtbar zu machen. Wahrscheinlich war ich der Einzige bei der Militärparade, der kein solches Bändchen trug. Jedes Mal, wenn ich den einen oder den anderen uniformierten Säugling in seinem Kinderwagen mit großen Augen angestarrt hatte, wurde ich von seinen Eltern mit ebenso großen Augen angestarrt – ein auffälliger Fotograf ohne Bändchen. Kopfschütteln. Es fühlte sich so an, als stünde ich nackt mitten in einer Menschenmenge. Dennoch habe ich brav weitergemacht.

Plötzlich sah ich eine kleine alte Frau vor mir, die zwei Helfer über die Straße brachten. „Aus dem Weg!", schrie sie zu mir. „Ich habe den Krieg gewonnen. Und was hast du in deinem Leben gemacht?!" Sie hatte ein schwarzes T-Shirt mit Putin-Porträt an. Darauf stand: „Wer uns verletzt, der überlebt keine drei Tage! W. W. Putin".

Jetzt weiß ich, was ich in meinem Leben gemacht habe. Ich habe zwar keinen Krieg gewonnen – dafür aber eine russische Militärparade überlebt.

Dmitrij Leltschuk,
„Die Hedonisten von der Krim",
Seite 10

Vater und Sohn

Er ist kein Mann, der sich an Regieanweisungen hält. Aleksander Doba, von der National Geographic Society in Washington zum „Abenteurer des Jahres 2015" gekürt, sagte nicht wie geheißen „Thank you very much", als er auf die Bühne trat. „Polacy nie gęsi, swój język mają", sagte er stattdessen, den Dichter Mikołaj Rej zitierend, der im 16. Jahrhundert als Erster ausschließlich auf Polnisch schrieb. „Die Polen sind keine Gänse, sie haben ihre eigene Sprache", heißt das auf Deutsch.

Nicht nur, weil mein Polnisch nicht hochseetauglich ist, nahm ich meinen 18-jährigen Sohn Leonard mit, als ich Aleksander Doba in Police nahe der deutschen Grenze besuchte. Die beiden hatten schon E-Mails getauscht mit einer spontanen Verbundenheit, wie das nur Landsleute tun, die gewohnt sind, von Westlern etwas von oben herab angesehen zu werden.

So kam es zu einer Art Familientreffen; mit Tee, Kaffee, Keksen und Kuchen, die Dobas Frau Gabriela auftischte, die einst vergebens versucht hatte, ihrem im Rentenalter stehenden Mann auszureden, den Atlantik in einem Kajak zu überqueren. Der Seebär machte sich ein Vergnügen daraus, die Strapazen, Gefahren und Havarien herunterzuspielen, und ließ doch durchblicken, dass er es nicht mehr für selbstverständlich hält, am Tisch in seiner Wohnung sitzen und seine Geschichte erzählen zu können. So wurde, dank meinem Übersetzer, aus einem Interview ein Gespräch, das einen Blick in das Innere eines Mannes gewährte, der sonst nicht eben viel von sich preisgibt.

Peter Haffner,
„Olek sucht sein Glück",
Seite 50

So muss Odysseus nach zehnjähriger Irrfahrt ausgesehen haben: Doba

Disneyland im Meer

Ich war in meinem Leben bestimmt schon zehnmal in Australien, gute Freunde besuchen. Das Land ist wunderschön, das Meer, die Leere des Outbacks, die Nationalparks. Seltsamerweise habe ich bei all meinen Down-Under-Reisen stets das Great Barrier Reef ausgelassen. Irgendetwas in mir sträubte sich dagegen.

Jetzt also war es soweit, mein erstes Mal am Riff, ein Tagesausflug, ich muss ja recherchieren. Es sind gut 250 Passagiere, Amerikaner, Europäer und sehr viele Chinesen, die mit mir an einem windigen Morgen den Katamaran besteigen. Das Schiff bringt uns von Port Douglas in eineinhalb Stunden an das äußere Riff. Man sitzt wie im Flugzeug, Sitz an Sitz, es riecht nach Schweiß und Sonnenmilch, auf Monitoren flimmert ein Informationsfilm. Auf halber Strecke teilt Judy, eine junge Biologin, die Tauchgruppen auf, Gruppe A um 10.15 Uhr, Gruppe B um elf Uhr. Zwischendurch hält sie einen kurzen Vortrag über Korallen, dem allerdings kaum jemand folgen kann, weil die meisten mittlerweile in Tüten spucken oder kurz davor sind.

Dann sind wir da, manche noch kreidebleich, an der mehrstöckigen *Activity Platform* an einem winzigen Stückchen Riff, das vom Veranstalter Quicksilver Cruises genutzt wird. Die Plattform ist wie Disneyland auf dem Meer. An jeder Ecke gibt es ein anderes Angebot: Man kann tauchen, schnorcheln, Halbtaucherboot fahren, Hubschrauber fliegen, Erinnerungsfotos schießen lassen; es gibt Duschen, Umkleiden, ein Sonnendeck, eine Bar mit Alkohollizenz, ein Unterwasserobservatorium. Man vergnügt sich über und unter Wasser, währenddessen die Crew ein monströses 250-Personen-Buffet aufbaut.

Jetzt weiß ich, warum ich das Great Barrier Reef stets ausgelassen habe.

Jan Keith,
„Panik im Paradies",
Seite 104

Kultur

Wissenschaft

RUBRIKEN

Übrigens: *Ein schöner (Heft-)Rücken kann auch entzücken. Ein Fisch ist ein Fisch ist ein Fisch ...*

1 ACARAÚ
Mit 65 Jahren ist noch lange nicht Schluss, hat sich der rüstige Pole gesagt und den Atlantik mit einem Kajak überquert. Nach 98 Tagen ging er in Brasilien an Land. Und dann? War immer noch nicht Schluss.
Seite 50

2 TRANSPOLARDRIFT
Was bedeutet es, wenn ein Kapitän sagt „Wir haben unsere Scholle gefunden"? Es bedeutet: Hütten aufbauen, Lager einrichten, überwintern.
Seite 118

3 ANDØYA
Design konnten sie schon immer im Norden. Sogar Wal-Design. Und das ganz ohne kunstgewerblichen Kitsch. So wird Whalewatching zu einer eleganten Angelegenheit.
Seite 127

4 JERSEY
Man kann Heldinnen des Widerstands nicht genug loben. Und dieses Paar erst recht nicht. Mit spitzem Stift und spitzem Geist versuchten sie, den Nazis den Garaus zu machen.
Seite 40

5 WATTENMEER
Die Menschheit ist so erfinderisch, dass einem übel werden kann. Himmel und Widerständlern sei Dank, wird nicht jede Idee umgesetzt. Zum Beispiel AKWs ins Wattenmeer stellen.
Seite 62

6 MÜNCHEN
Als er die schönen toten Tiere auf seinem Schneidebrett nicht mehr ertragen konnte, krempelte der Pole sein Leben um. Zog nach Bayern und kreierte veganes Suhsi. Einen Thunfisch gibt es dort nur auf seinem Arm.
Seite 60

7 LE GRAZIE
Besuch in einem Dorf voller Männer, die seit Generationen aufräumen, was der Krieg an Sauereien hinterlassen hat. Und zwar unter Wasser.
Seite 30

8 BALAKLAWA
Nur zwei Prozent der Russen waren gegen die Annexion der Krim. Unser Autor gehörte zu ihnen. Und schaut sich um auf der Halbinsel. Und ganz besonders in der Bucht Balaklawa.
Seite 10

No. 138 mare Die Schauplätze

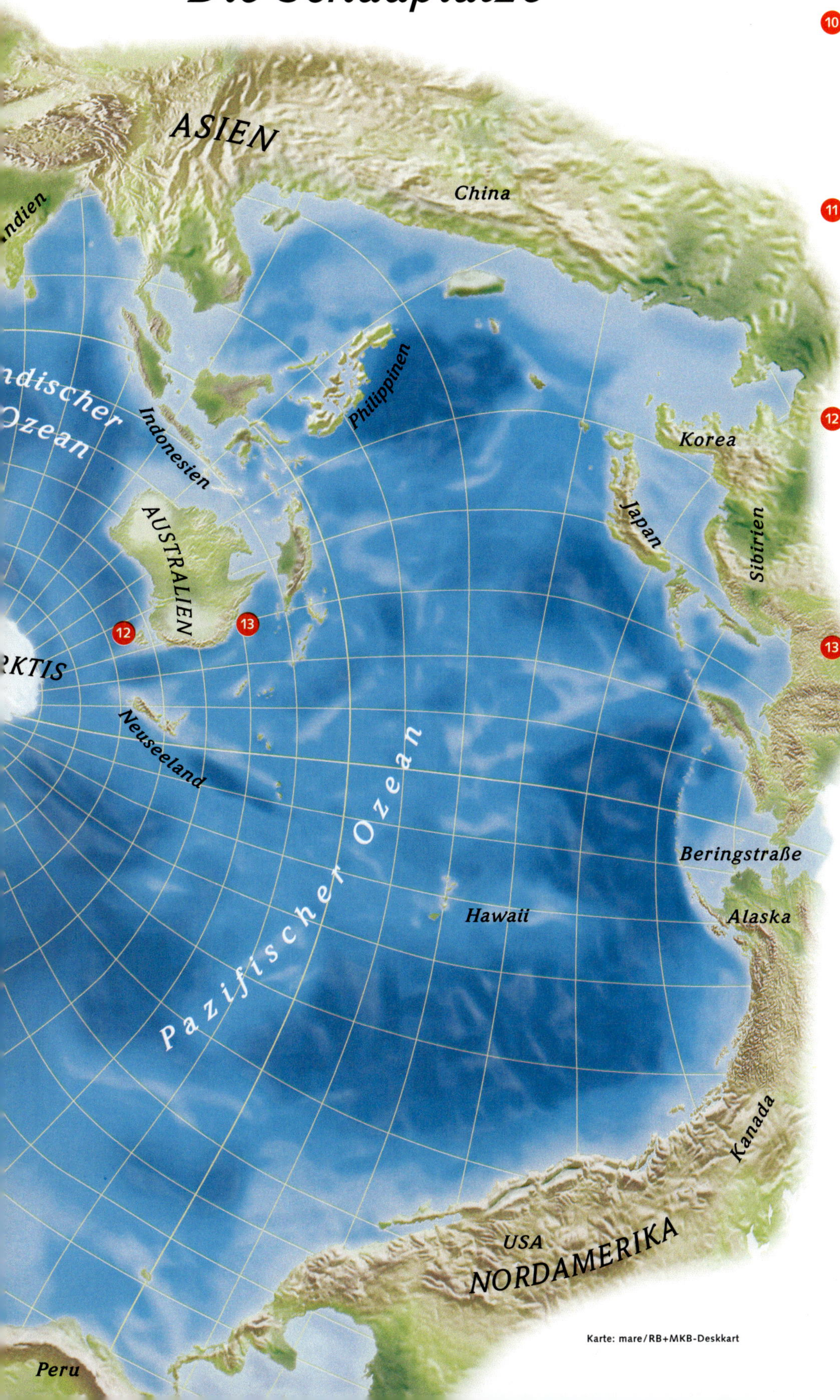

Karte: mare/RB+MKB-Deskkart

9 TEL HREIZ
Hilfe, der Meeresspiegel steigt! Was tun?, haben sich die Bewohner gefragt. Und eine Mauer gebaut. Geholfen hat es nicht. Die Siedlung wurde trotzdem überschwemmt. Wann das war? Vor 7000 Jahren.
Seite 124

10 ELFENBEINKÜSTE
Und manchmal siegt doch die (kreative) Vernunft. Ein IT-Unternehmer sammelt mit Helfern 700 000 Plastikflaschen, die eine Stadt verschmutzen, und baut daraus eine Hotelinsel.
Seite 126

11 SÜDPOL
Wenn ein Mann einen Brief „An: meine Witwe" adressiert, kann einen das schon rühren. Robert F. Scott weiß, dass er im Eis sterben wird. Und er will, dass für seine Frau ein gutes Leben weitergeht, auch ohne ihn. Das ist Liebe.
Seite 66

12 TASMANIEN
Wir wissen: Wälder müssen dringend aufgeforstet werden. Aber wussten Sie, dass auch Unterwasserwälder Hilfe brauchen? Wenn Sie also zufällig in Tasmanien Wassersport betreiben: Nutzen Sie diese App, helfen Sie der Wissenschaft!
Seite 116

13 GREAT BARRIER REEF
Noch mehr trauriges Wissen: Die Korallenbleiche ist real. Das Riff stirbt. Kann es gerettet werden? Es gibt Wissenschaftler, die kühne Ideen entwickeln.
Seite 104

Die mare-Weltkarte

Der Versuch, den Globus auf eine Weltkarte zu projizieren, quasi die Quadratur der Kugel, ist ohne Kompromisse zum Scheitern verurteilt. Und so sind es stets die Meere, die auseinandergerissen und verzerrt dargestellt werden. mare beschreitet mit seiner Weltkarte den umgekehrten Weg: Nach einer Projektion von Athelstan Spilhaus präsentieren wir die Meere und ihre Küsten so, wie sie tatsächlich zusammenhängen.

Das blaue Telefon

Ihre mare-Hotline in die unerforschten Weiten und Tiefen der Meere

Ihre maritimen Fragen können Sie per Telefon (0800/218 218 2, gebührenfrei) oder E-Mail (wat@mare.de) stellen. Es antworten Ihnen Ulrike Prange und Jana Nitsch von MARUM – Zentrum für Marine Umweltwissenschaften der Universität Bremen.

Sind Killerwale wirklich so gefährlich?

J. Birke, per E-Mail

Es stimmt, Killerwale oder Orcas sind geschickte Raubtiere und perfekt an ihren Lebensraum angepasst. Dennoch sind sie keine ruchlosen Mörder, den Namen Killerwal haben die schwarz-weißen Wale nicht verdient. Als Zahn- oder Schwertwal gilt *Orcinus orca* als größter Vertreter der Delfine und besitzt ein ausgeprägtes Sozialsystem. Die Tiere leben in Familienverbänden, die oft bis zu drei Generationen umfassen. Ihre Jagdstrategien sind ausgefeilt und werden von Muttertier zu Walkalb weitergegeben. Forschende unterteilen Orcas je nach ihrem Jagdgrund in drei Gruppen: wandernde Schwertwale, sesshafte Tiere, die ständig vor bestimmten Küstenabschnitten jagen, sowie sogenannte Offshore-Orcas, die das offene Meer bewohnen. Orcas stehen in der Nahrungskette der Ozeane ganz oben und haben keine natürlichen Feinde. Fisch, Tintenfisch, Seevögel, Schildkröten, Seelöwen, Seehunde und andere Walarten stehen auf ihrem Speiseplan, dabei reagieren sie aber sehr sensibel, wenn ihre bevorzugte Beute knapp wird. Laut der Walschutzorganisation Whale and Dolphin Conservation (WDC) ist bis heute kein Fall bekannt, dass ein frei lebender Orca einen Menschen getötet hat. Solche Vorfälle sind nur bei in Gefangenschaft gehaltenen Artgenossen aufgetreten.

Stimmt es, dass sich Tiere in der Tiefsee nur sehr langsam fortpflanzen?

Irene Neideck-Schaan, Kruft

Die Tiefsee ist düster und unwirtlich, dennoch fühlen sich einige Arten dort pudelwohl. Dazu gehört auch, dass sich die Tiere fortpflanzen, um ihre Art zu erhalten. Das und nicht gefressen werden sind die wichtigsten Ziele aller Tiefseelebewesen. Beides ist in ihrem extremen Lebensraum nicht einfach. Es herrscht großer Druck, es ist kalt, es ist dunkel, Nahrung ist knapp. Aus diesem Grund geht in der Tiefsee alles langsamer – auch der Stoffwechsel und das Wachsen der Tiere. Das bedeutet zugleich, dass Blobfisch, Krabbe und Co. erst nach längerer Zeit geschlechtsreif sind und sich fortpflanzen können. Gut haben es Tiere, die in Verbänden leben – sie müssen sich in der Weite der Tiefsee nicht mühsam auf die Suche machen. Einige Tiefseebewohner sind Zwitter, haben also sowohl männliche als auch weibliche Fortpflanzungsorgane. Zum Fortpflanzen wird das – zum Beispiel bei Stelzenfischen – aber nur genutzt, wenn gar kein potenzieller Partner oder keine Partnerin vorbeikommt. Dann geht die Arterhaltung nämlich auch allein. Wirklich langsam pflanzen sich Organismen fort, die unterhalb der Tiefsee leben, also tief im Meeresboden. Die Zellen dieser Mikroorganismen, etwa Bakterien und Archaeen, teilen sich nur alle 500 bis 1000 Jahre, womöglich sogar in noch längeren Zeiträumen. Darüber sind sich Mikrobiologen und Geologen noch nicht ganz einig.

Warum gibt es vor der Küste Portugals so große Wellen?

Nicole Schmitt, Bad Krozingen

Es ist beeindruckend zu sehen, wenn die Riesenwellen auf die Küste vor Nazaré zulaufen. Bis zu 30 Meter können sie sich auftürmen und lassen den Leuchtturm der Festung São Miguel Arcanjo klein erscheinen. Besonders im Winter entstehen die Wellenberge und machen den Strand nördlich von Nazaré zu einem der bekanntesten Orte für das Big-Wave-Surfing. Hier reiten Frauen und Männer die Riesenwellen auf ihren Boards. Der Grund, warum nur an diesem Strand, knapp 150 Kilometer nördlich Lissabons, die Wellen so viel höher brechen als etwa im Nachbarort, ist nicht so einfach ersichtlich. Es liegt an der Beschaffenheit des Meeresbodens vor der Küste: Genau hier endet ein 230 Kilometer langer und fast fünf Kilometer tiefer Unterwassergraben, der Nazaré Canyon. Fast rechtwinklig läuft der Graben auf die Küste zu und trennt die Eurasische von der Afrikanischen Kontinentalplatte. Kommt es auf offener See zu Stürmen, wird die Energie des Wetters durch den Canyon, wie bei einem Kanal, auf die Küste geleitet. So entstehen, besonders bei Westwind, die riesigen Wellenberge.

Um wie viel würde der Meeresspiegel steigen, wenn sämtliches Eis einschließlich des Inlandeises abschmelzen würde?

Andrik Kurschewitz, per E-Mail

Wenn sowohl das Meereis als auch das Inlandeis schmilzt, wird der Meeresspiegel weltweit um etwa 70 bis 75 Meter ansteigen. Durch Modellberechnungen können Forschende relativ genau sagen, wie viel Eis in Form von Eisschilden und Gletschern es auf der Erde gibt. Laut dem Weltklimarat IPCC haben die Antarktiseisschilde der Gegenwart ein Volumen von etwa 27,6 Millionen Kubikkilometern, in Grönland sind es neun Millionen. Das allein entspricht einem Anstieg des Meeresspiegels um etwa 65 Meter. Davon entfallen circa 58 Meter auf das Eis der Antarktis und etwa sieben Meter auf das Eis Grönlands. Hinzu kommt das Eis auf anderen Landgebieten. Ein Team von Gletscherforschern unter der Leitung der ETH Zürich hat im vergangenen Februar das Volumen aller Gletscher außerhalb der Antarktis und Grönlands neu bestimmt. Sie kamen auf 158 000 Kubikkilometer, das entspricht einem Meeresspiegelanstieg von etwa 30 Zentimetern. Das bedeutet aber nicht, dass der Meeresspiegel überall auf der Erde um diesen Wert ansteigt, denn es gibt regionale Unterschiede. Forschende arbeiten daher in ihren Modellen mit einem Durchschnittswert, dem globalen mittleren Meeresspiegelanstieg. Laut einer kürzlichen Veröffentlichung des Deutschen Klima-Konsortiums zum Thema ist der Meeresspiegel im 20. Jahrhundert global um 15 Zentimeter gestiegen. 2006 bis 2015 waren es 3,6 Millimeter im Jahr. Über Jahrtausende gibt es einen gegenläufigen Effekt in den Gebieten, wo Eismassen abgeschmolzen sind: Da die Erdkruste wegen des nun fehlenden Eises entlastet wird, steigt sie dort auf. Dadurch hätte man an diesen Stellen auf der Erde das Gefühl, der Meeresspiegel sinke. Die Erdkruste in Teilen Kanadas und Skandinaviens steigt zum Beispiel auch heute noch mit zehn bis 20 Millimeter pro Jahr an, obwohl das Eis der letzten Eiszeit schon seit etwa 10 000 Jahren abgeschmolzen ist.

Die Hedonisten von der Krim

Russland hat sich die Krim einverleibt, aber Russland verdeckt weder die Sonne noch das Meer. Besuch auf einer genussfreudigen Halbinsel

Text: Viktor Jerofejew

Fotos: Dmitrij Leltschuk

2017

Balaklawa – eine blendende Schönheit, multipliziert mit Kanonen, Leichen und Blut

Ach je, das ist alles nicht so einfach! Beginnen wir am Ende. Ich verließ Balaklawa mit dem Gefühl, dass sie, wie auch die ganze Krim, ihrer Mentalität nach nie der Ukraine gehört hat, dass sie aber auch nie endgültig Russland gehören wird. Die Krim ist die Krim, das heißt, gefühlsmäßig gehört sie zusammen mit Balaklawa sich selbst. Sie ist faktisch eine isolierte Insel im Schwarzen Meer. Und obwohl die Krim, durch eine schmale Landenge ans Festland gebunden, geografisch eine Halbinsel ist, nannte mein alter Freund, der russische Schriftsteller Wassili Axjonow, seinen Roman, der in der späten Sowjetzeit erschienen ist, nicht zufällig „Die Insel Krim". Eine Insel mit einzigartigem Schicksal.

Und Balaklawa ist eine besonders harte Nuss. Voller Legenden, Seeschlachten, schöner Strände, Unterseeboote mit Atomraketen, Schaumweine und Rockfestivals. Versuche mal, sie zu knacken!

Balaklawa ist eine enge Bucht, verschlungen wie die Gehirnwindungen eines Schelms, vom Meer nicht einsehbar. Sie ist außerdem eine bei Touristen beliebte Stadt, die heute zur Peripherie von Sewastopol zählt. Ihre Geschichte erinnert mich an eine turbulente menschliche Biografie, allerdings mit einer Dimension von tausend Jahren. So, dass man gern erwähnen möchte, wie viele Männer sie hatte, bevor sie Sewastopol geheiratet hat!

Die einen nahmen sie als Geisel, anderen gab sie sich freiwillig und fröhlich hin. Geboren wurde sie auf der Erde wilder Taurer und Laistrygonen, die in dem Ruf standen, unersättliche Menschenfresser zu sein. Der große Homer, der seinen Odysseus in die Bucht sandte, hat sie besungen. Die alten Griechen, die sie eroberten, gaben ihr den Namen Symbolon.

Dann waren die Römer da, nach ihnen die Goten (weshalb Hitler die Krim nach der Einnahme „Gotengau" nennen und dem Dritten Reich einverleiben wollte). Dann geriet sie in die Hände der Genueser, die sie Cembalo nannten; die Ruinen der Genueser Festung schmücken bis heute die felsige Landschaft. Danach wurde sie von den Türken erobert, die ihr den heutigen Namen gaben, der sich mit „Fischbecken" übersetzen lässt. Die Saporoger Kosaken verdrängten die Türken, die kamen aber wieder zurück.

1773 schließlich eroberte das Russische Kaiserreich die Krim, und Katharina II. bezeichnete Balaklawa nach einem Besuch dort als „Schlüssel zur Krim". Ab diesem Moment fanden wir Russen, die Krim sei „unser", und – die Kriege der folgenden Jahrhunderte lasse ich jetzt geflissentlich weg – nachdem die Sowjetunion zerfallen und die Krim in der Ukraine gelandet war, wollte sich Präsident Putin nicht mit dieser Situation abfinden und entriss 2014 die Krim dem Nachbarland unter Missachtung des Völkerrechts, donnerndem Beifall meiner Landsleute und einem Aufschrei der Empörung in der westlichen Welt.

Aus genau diesem Grund fuhr ich diesmal mit großer Unentschlossenheit und voller Zweifel auf meine geliebte Krim. Wozu sollte ich mich verstellen? Ich reiste zu einem Rendezvous mit Balaklawa, einer der bezauberndsten natürlichen Buchten auf dem Planeten. Wäre ihre Geschichte weniger turbulent gewesen, hätte sie sich nicht schlechter als Saint-Tropez entwickeln können, und die Luxusyachten ihrer Marina könnten mit den Yachten von

Vorhergehende Doppelseite **Ein Paar auf einer Bank in der Bucht von Balaklawa.**
Linke Seite **Der ehemalige U-Boot-Kapitän Walentin Danilow.**
Unten **Der Tisch ist gedeckt. Danilow feiert am 1. Mai seinen Geburtstag**

Balaklawa tut so, als sei die Krankheit völlig an ihr vorübergegangen

Miami konkurrieren. Doch Balaklawa ereilte ein trostloses Schicksal. Balaklawa – das ist blendende Schönheit, multipliziert mit Kanonenkugeln und Blut längst vergangener Seeschlachten sowie Bergen von Leichen aus neueren Kriegen. Als die Wehrmacht 1942 nach erbitterten Kämpfen Sewastopol schließlich einnahm, verkündete das deutsche Oberkommando, man habe die am schwersten einzunehmende Festung der Welt erobert.

Ich gehöre zu jenen beinahe übersehbaren zwei Prozent der russischen Bevölkerung, faktisch eine statistische Abweichung, die sich gegen die Annexion der Krim ausgesprochen haben. Alle jubelten, warfen ihre Kinder in die Luft, schrien „Die Krim ist unser!" – im ganzen Land. Ich bin bis heute überzeugt davon, dass dieses „Die-Krim-ist-unser" für uns ein Dauerschmerz sein wird, für viele Jahre der Grund für den Bruch mit dem Westen, eine ökonomische Katastrophe durch wachsende Isolation.

Dennoch riskierte ich es, nach Balaklawa zu reisen, denn ich war besorgt um die Krim, so wie man sich um die Gesundheit eines nahestehenden Menschen sorgt. Ich wollte eine Kranke besuchen, die in eine Katastrophe geraten ist. Ich machte mich auf die Reise, buchstäblich mit aufgesetzter Mitleidsmaske. Und was habe ich vorgefunden? Wie hat mich die Kranke empfangen? Ich bin sicher, dass Balaklawa noch auf dem Totenbett auf jeden ihrer Siege und jeden Kriegsorden stolz sein und die Lippen zusammenpressen wird, weil sie von Niederlagen nichts hören will. Wie erging es ihr unter der Ukraine? Totale Amnesie! Ich habe in Balaklawa keine Spur von ukrainischer Herrschaft bemerkt. Balaklawa war auch unter der Ukraine eine russischsprachige Stadt, ebenso wie Sewastopol, ja, letztlich die gesamte Krim. Nur die ganze offizielle Topografie, die Bezeichnungen der Straßen, Verwaltungsgebäude, Museen – in ukrainischer Sprache. Jetzt ist alles abgeschraubt, nichts davon übrig (obwohl das Ukrainische neben dem Krimtatarischen offiziell als Regionalsprache der heutigen Krim gilt). Überall in dieser Gegend ist das weiche südrussische Idiom vorherrschend, in dem hin und wieder ukrainische Wörter vorkommen.

Balaklawa spielte nicht nur die Genesende. Sie tat so, als sei die Krankheit völlig an ihr vorbeigegangen, als habe alles, was mit ihr passiert ist während des Machtwechsels, der die zivilisierte Welt erschüttert hat, ihre Seele nicht tangiert.

Unten **Im U-Boot-Bunker von Balaklawa gibt es noch einige unerforschte Räume.** *Rechte Seite* **Die Bucht von Balaklawa gehört zu Sewastopol und liegt 15 Kilometer südöstlich des Stadtzentrums**

„Halt, halt!", schrie ich auf. „Genau hier in Balaklawa hat sich doch Janukowitsch versteckt, bevor er in Putins Russland geflüchtet ist!" – „Schon gut", antwortet mir betont gleichgültig Alexander Fedotowitsch, ein altgedienter Fremdenführer älteren Semesters. „Da hinten an der Uferstraße steht sein Haus."

Und so oft ich auch versucht habe, nach dem Leben unter der Ukraine zu fragen, ich habe weder von dem Fremdenführer noch von sonst irgendjemandem ausführlichere Antworten erhalten. Ob aus Angst oder was auch immer. Ich würde sagen, dass meine Gesprächspartner die ukrainische Periode als historisches Missverständnis im Herzen bewahren, denn die blutige Geschichte Balaklawas ist eng mit der russisch-europäischen Konfrontation verbunden, und da ist die Ukraine bestenfalls ein zweitrangiger Akteur. ➢

Dann legt er los und wettert dermaßen gegen den Westen, dass er wirkt wie einer der Hetzer in Putins Staatsfernsehen

Während man längst vergangene Kriege unter „russischer Sieg und Eroberung der Krim“ abhakt, ist der Krimkrieg der 1850er-Jahre, vor allem aber der Krieg gegen Hitler keineswegs Geschichte, sondern hat für Balaklawa buchstäblich gestern stattgefunden.

Alexander Fedotowitsch führt mich in ein vollkommen ebenes, an die fernen Berge grenzendes Tal bei Balaklawa. „Bitte“, sagt er, „das Tal des Todes.“ Das Tal des Todes ist bezaubernd schön, ganz in herbstliches Weinlaub gekleidet.

„Hier“, fährt mein kleiner untersetzter Fremdenführer inspiriert fort, „stand die Kavallerie, der Stolz der englischen Armee, Söhne aristokratischer Familien. Sie sind im Eifer des Gefechts in die russischen Kanonen hineingaloppiert und wurden von den Kartätschen durchsiebt. Wissen Sie, was eine Kartätsche ist?“ Alexander Fedotowitsch gehört zu jenen nervenden Fremdenführern, die naiv tun, um einen dann mit ihrer überlegenen Kenntnis historischer Details alt aussehen zu lassen. Ich strecke gleich die Waffen. Er zeigt mir mit den Händen die beeindruckende Größe einer Kartätsche. „Die armen britischen Jungs!“, rufe ich aus. „Aber damals im Krimkrieg haben die europäischen Verbündeten doch gewonnen.“

„Die Engländer haben hier sogar die erste Eisenbahnlinie auf der Krim verlegt. Sie haben die Uferstraße in Ordnung gebracht und Balaklawa ‚Little London‘ genannt. Sie haben gedacht, sie würden hier lange bleiben. Aber es ist kaum ein Tag vergangen, an dem in der Stadt nicht einer am Galgen baumelte. Die Menschen hier haben Widerstand geleistet. Sie wollten sich mit der fremden Herrschaft nicht abfinden.“

Das Tal des Todes. Heute wachsen hier als Zeichen des Triumphs der Weinproduktion über alle politischen Wirrnisse goldene Trauben, aus denen kein schlechter Wein gemacht wird, und der Ort selbst heißt ja auch Solotaja Balka, Goldenes Tal.

„Nach der Konferenz von Jalta 1945 war Churchill hier, um seinen gefallenen Landsleuten die Ehre zu erweisen. Bis vor Kurzem kamen Nachfahren der Kavalleristen hierher, um deren Andenken zu ehren. Aber jetzt …“

Alexander Fedotowitsch unterbricht seine Rede, um zu verstehen zu geben, dass die Engländer selbst schuld seien, wenn sie nicht mehr kämen. Dann legt er los und wettert dermaßen gegen den Westen, dass er wirkt wie einer der Hetzer in Putins Staatsfernsehen.

Der Zeitpunkt ist gekommen, von der heldenhaften Verteidigung Balaklawas und Sewastopols im Zweiten Weltkrieg zu erzählen. Diesmal führt Alexander Fedotowitsch mich in die Berge zu den Ruinen der seinerzeit in der gesamten Sowjetunion berühmten Küstenbatterie „BB-19“, die sich heftig gegen die „deutschen Invasoren“ wehrte und den Feind daran hinderte, in die Bucht einzudringen. Sie wurde bombardiert, man versuchte sie mit Minen zu vernichten, doch die tapferen Artilleristen reparierten die Batterie immer wieder in der Nacht und nahmen am nächsten Morgen erneut den Kampf auf. Die Deutschen nannten „BB-19“ wegen ihrer Widerstandskraft den „Zentauren von Balaklawa“.

„Vorsicht!“, rief mein verdienter Fremdenführer in Lederjoppe angewidert und beflissen. „Nicht da hineintreten!“ In den

Unten **Juri Tjurin, 92, Russlands ältester Leuchtturmwärter, am Kap Ai-Todor.** *Rechte Seite* **Ein Mädchen betrachtet das Modell eines russischen Kriegsschiffs**

Oben **Durch diesen Kanal fuhren die U-Boote einst tief in den Bunkerstollen.**
Rechte Seite **Mahnwache an einer Gedenkstätte für die Opfer des Faschismus**

„Die amerikanische Militärclique hat die Atombomben nicht abgeworfen, um Japan zu besiegen, sondern um die Sowjetunion einzuschüchtern“

Ruinen der Batterie stank es durchdringend nach Fäkalien, die in großer Menge überall herumlagen. „Die Geschichte hinterlässt uns nichts als Scheiße“, sagte ich, während ich aufmerksam meine Schuhsohlen untersuchte. „Und wie haben die Einheimischen unter den Deutschen gelebt?“, fragte ich.

Hier erfuhr ich viel Unerfreuliches über die Invasoren. Es stellte sich heraus, dass die Krim nicht umsonst in den Besitz des Dritten Reiches überging und Sewastopol zu Ehren des Herrschers der alten Goten in Theoderichshafen umbenannt wurde. Die Deutschen planten eine große Säuberung der slawischen Bevölkerung, die von der Krim deportiert werden sollte. Die Krimtataren hingegen hätten zum Dienstpersonal der Deutschen werden sollen. Alexander Fedotowitsch versäumte auch nicht, von den Gräueltaten der Wehrmacht an den Kriegsgefangenen zu erzählen. In Sewastopol fuhr man sie in Booten hinaus aufs Meer, die man dann anzündete. Und wer sich schwimmend retten wollte, wurde mit dem Maschinengewehr erschossen.

Inzwischen waren wir schon vom Berg hinuntergestiegen und saßen in der „Fischerhütte“, einem kleinen Restaurant an der Küste. Alexander Fedotowitsch hatte sich eine heimische Meerbarbe bestellt und gönnte sich ein Glas Weißwein, hielt es ans Fenster und schaute hindurch in die Herbstsonne. „Gut“, sagte er und blinzelte anerkennend.

Und hier ging mir durch den Kopf, dass der Begriff Zentaur, den die deutschen Invasoren verwendet haben, im heutigen Balaklawa eine andere Bedeutung hat. Mehr noch, offenbar auf der ganzen Krim. Einerseits gedeiht hier immer noch das sowjetische Denken, und zwar sehr viel stärker ausgeprägt als in Moskau. Im Herzen vieler älterer Balaklawer lebt nicht nur das kommunistische Ideal, sondern auch Genosse Stalin selbst, der die Menschen hier von Porträts und Medaillen anblickt. Das ist nicht erstaunlich, denn die Krim wurde planmäßig mit pensionierten Militärs und KGBlern besiedelt – ihnen wurden um Sewastopol herum Grundstücke zugeteilt, auf denen sie sich Häuschen bauten, um ihre alten Tage angenehm zu verbringen. Aber auf der anderen Seite …

„Gehen wir“, unterbrach der alte sowjetische Fremdenführer meine Gedanken. „Wir müssen uns sputen! In fünf Minuten beginnt für heute die letzte Gruppenführung durchs U-Boot-Museum.“

Wir betraten die wichtigste Sehenswürdigkeit von Balaklawa. Das ist ein unterirdisches Reparaturzentrum für Unterseeboote und auch ein Bunker, der so in den ufernahen Felsen hineingetrieben ist, dass selbst eine Atombombe, fünfmal so stark wie die von Hiroshima, diese unterirdische Welt nicht zerstören könnte. Der Raum sieht aus wie ein Kreis aus Dantes Hölle. An der Wand in großen Buchstaben ein Spruch aus dem Sowjettotalitarismus: „Sag nicht alles, was du weißt, aber wisse stets, was du sagst.“

Alexander Fedotowitsch vertraut mich der Oberfremdenführerin durch die Unterwelt an, einer korpulenten Frau in durchsichtigem Regenmantel, an dessen Kragen ein Mikrofon befestigt ist.

Ich befinde mich unter russischen Ausflüglern unterschiedlichen Alters. Wir laufen und laufen endlose hallende Gänge entlang. In der Atomsektion verschwindet

Die sowjetischen Tugenden, die zärtliche Sonne der Krim, das kleine Stückchen Land hinter dem Haus …

das Echo. Hier herrscht eine besondere Akustik, damit die Kommandos besser zu hören waren. Für militärische Bauvorhaben war in der UdSSR nur das Allerbeste gut genug. Genauso wie jetzt, unter Putin. Bloß das Ausmaß war natürlich ein anderes. Kosmisch geradezu. Hier konnte ein Dutzend U-Boote einlaufen, hier wurden sie auch repariert. Für jede Sektion galt eine eigene Geheimhaltungsstufe. Der Komplex selbst hieß „825 GTS". Was sich wohl dahinter verbarg?

Der Krieg war zu Ende, doch seit Anfang der 1950er-Jahre spielte Balaklawa erneut eine wichtige Rolle auf der Bühne der Geschichte. Stalin fasste den Beschluss, hier unter Ausnutzung der speziellen Gegebenheiten der Bucht eine supergeheime Militärbasis zu errichten. Um die Bautätigkeit irgendwie zu erklären, die vor den Anwohnern nicht zu verbergen war, gab man sie als Bau der städtischen Telefonstation aus – *Gorodskaja Telefonnaja Stantsija*, abgekürzt GTS.

Wozu brauchte man diese Basis? Für einen Vergeltungsschlag gegen die Amerikaner im Fall eines Atomkriegs. Damals gab es noch keine Raketenabwehrsysteme, und eine Racheaktion konnte nur durch Raketen von Unterseebooten aus ausgeführt werden.

Die Ausflügler erhalten nebenher Propagandawissen. „Die amerikanische Militärclique", erzählt die Fremdenführerin im durchsichtigen Regenmantel, „hat die Atombomben nicht abgeworfen, um Japan zu besiegen, sondern um die Sowjetunion einzuschüchtern. Aber wir haben uns nicht einschüchtern lassen!" Alle nicken und machen Selfies vor einem schwarzen U-Boot. Alexander Fedotowitsch und ich nähern uns der Fremdenführerin. „Guten Tag", grüße ich. „Sagen Sie, haben Sie unter der Ukraine auch Führungen gemacht?" – „Ja." – „Und Sie haben genau dasselbe erzählt?" – „Wort für Wort", lächelt sie und entblößt ihre Goldzähne.

Ich mache mich eilig auf den Weg zu einem Abendessen, zu dem ich eingeladen bin. Hier lebt die Familie meines Moskauer Freundes Maxim, einem Rockmusiker. Sie besitzen ein eigenes Häuschen. Alle freuen sich über meinen Besuch. Maxim stellt mich seinen Eltern und seinen Kindern vor. Zum Abendessen sind auch zwei junge Lehrerinnen aus der hiesigen Musikschule eingeladen, Wika und Anja. Maxims Vater, Walerian Romanowitsch, ist Ingenieur im Ruhestand, Militärspezialist in Sachen verantwortungsvolle Röhre.

„Das ist, verstehen Sie, eine metallene, extrem resistente Röhre für kosmische oder militärstrategische Zwecke. Funktioniert perfekt, absolut störungsfrei!"

„Mmh, klar", nicke ich verständnisvoll, während ich von dem leckeren krimschen Auberginensalat esse, „die Sowjetbürger sollten ja auch verantwortungsvolle Röhren sein." Walerian Romanowitsch trinkt beim Abendessen keinen Wein, sondern Cognac. In der Sowjetunion galt das als Privileg betuchter Leute. „Möchten Sie?" Er hält mir die Flasche hin und wundert sich, dass ich sein Angebot höflich ausschlage.

Ein paar Gläschen später verwandelt er sich in einen kleinen Philosophen und schwadroniert über die drei wichtigsten Tugenden: Anständig sei der Mensch, verantwortungsvoll und arbeitsam. Kurzum, da ist sie wieder, die verantwortungsvolle Röhre. Aber nicht das ist das Entscheidende. Die ganze Familie spricht nicht nur

Linke Seite **Fischverkauf an Touristen, wachsam verfolgt von Katzenaugen**
Oben **Militärparade zur Feier des 9. Mai, dem Tag des Sieges über Hitlerdeutschland**

„Man muss nur Geduld haben. Noch 50 Jährchen, dann wird alles gut“

Unten **Ein Gullydeckel im U-Boot-Bunker von Balaklawa.**
Rechte Seite **Alexander Lasebnyj, einst Offizier der sowjetischen Spionageabwehr**

über sowjetische Tugenden, sondern im selben Atemzug auch über die zärtliche Sonne der Krim, über ihr kleines Stückchen Land hinter dem Haus, auf dem Walnüsse, Feigen und fantastische Krimtomaten wachsen. Und auf der Terrasse stehen Liegestühle, auf denen man es sich gemütlich machen und ein Sonnenbad nehmen kann. Und bis zum Meer sind es nur zwei Schritte … Ich verstehe, diese Teile des Lebens sind nicht weniger wichtig als die sowjetischen Tugenden. Ein Hauch Krim-Hedonismus. Der Unterschied zur Bitternis russischer Bewohner von Schneewüsten. Genau das, was sich auf der anderen Seite befindet.

Walerian Romanowitsch, Sie sind der Zentaur von Balaklawa! Ach was, die ganze Familie, alles Zentauren. Sie bestehen aus widersprüchlichen Komponenten. Sie sind sowjetische Patrioten, bis ins Mark durchdrungen von Kriegsruhm, sämtlich Putin-Verehrer. Aber sie sind auch Hedonisten, die entspannt auf der Krim leben und die Schönheit des Südens genießen.

Ein besonderer Menschenschlag. Das Leben der Zentauren von Balaklawa ist schwierig. Natürlich hat man ihnen einen Bären aufgebunden. Sie dachten: Moskau kommt hierher und gibt uns sofort alles, gute Renten, niedrige Preise. Heraus kam: Es geht mehr schlecht als recht. „Aber macht nichts. Man muss nur Geduld haben. Noch 50 Jährchen, dann wird alles gut.“ Das waren jetzt die Worte meines Fremdenführers Alexander Fedotowitsch.

Aber etwas Ähnliches sagt beim Abendessen auch Maxims Vater. Offensichtlich werden beide diese Veränderungen erst im Grab erleben.

Die beiden jungen Frauen, Wika und Anja, verblüffen mich damit, dass sie, die Freundinnen, vollkommen entgegengesetzte Meinungen zur Oktoberrevolution von 1917 haben und sich darüber nicht in die Haare geraten. Ihnen sind diese Meinungsverschiedenheiten vollkommen schnuppe. Wika ist hundert Prozent für Lenin, und Anja findet, es sei schon lange an der Zeit, ihn aus dem Mausoleum zu holen. Ich höre zu und verstehe: Auch das ist der Einfluss des krimschen Hedonismus. Die Politik befindet sich im Hinterstübchen ihres Bewusstseins. Russland ist auf die Krim gekommen – das begrüßen sie, aber Russland verdeckt weder das Meer noch die Sonne. Und alles Übrige ficht sie wenig an.

Nach dem Abendessen steigen wir ins Auto und fahren mit Wika und Anja nach Sewastopol in einen Nachtclub. Da haben sich alle von oben bis unten schwarz angemalt – Gesichter, Hände, Kleidung. Nach dröhnender westlicher Musik wird getanzt bis zum Umfallen. Wein und Bier fließen in Strömen. Ach, stimmt ja, heute ist Halloween-Nacht!

In dieser Stadt mit den flammendsten russischen Patrioten, in Sewastopol, mit seiner mächtigen Kriegsmarinebasis der Schwarzmeerflotte, trotz ablehnender Haltung gegenüber Halloween durch die russisch-orthodoxe Kirche – in dieser Nacht tanzen alle, trinken, rennen zum Rauchen auf die Straße. Man könnte meinen, man sei in London. Der Wind ist herbstlich heftig und rau. Aber die jungen Leute gestikulieren lebhaft, lachen, die Gespräche drehen sich um Liebe und Sex. Das sind die jungen Zentauren.

Es ist schier ein Ding der Unmöglichkeit, sich auf der Krim nicht zu verlieben. Man hat den Eindruck, dass nicht Putin

Wie schön geformt die Küste hier ist. Der Krimgott flüstert dir ins Ohr: „Nur los, verliebe dich!“

die Krim beherrscht, sondern der flüchtige Gott der Liebe, eine weitaus beständigere Größe also als der russische Präsident. Vor allem verliebt man sich in die Krim selbst, denn sie ist atemberaubend schön. Gerade die Krim erwies sich als jener Weintraubenbikini im zaristischen und selbst im sowjetischen Russland, das sich dank der Krim aus der Umklammerung des Nordens befreite, seiner Kultur mediterranen Geist einhauchte, angefangen bei Puschkin bis in unsere Tage.

Und wie schön geformt die Küste hier ist! Der Krimgott flüstert dir ins Ohr: „Nur los, verliebe dich!“

Es ist ein Gott der Unbeständigkeit, des Leichtsinns, des Seitensprungs, der Ferienromanze, wie sie Tschechow in „Die Dame mit dem Hündchen“ beschrieben hat. Und im Nu verlierst auch du den Verstand, es scheint, die Rosen in Balaklawa blühen ewig und das Leben ist so leichtsinnig schön.

Aber im selben Moment rufst du dich zur Ordnung, wendest den Blick ab von deiner jungen grauäugigen Begleiterin und versetzt sie zurück in den Status einer Lokalreporterin, mit der du im Café über die Besonderheiten des hiesigen Lebens sprichst. Ich kann nicht anders als ihr beizupflichten: Das größte städtebauliche Problem von Balaklawa wie auch der ganzen Krim ist die chaotische Bebauung.

Während zu Beginn des 20. Jahrhunderts auf der Krim bei den Villen ein einigermaßen einheitlicher Stil im Geist des Neoklassizismus vorherrschte – oder, was die Paläste der Aristokraten auszeichnete, des mauretanischen Manierismus –, brachte die Sowjetmacht mit ihrer „Diktatur des Proletariats“ stattdessen wüsten Eklektizismus mit sich. Schaut man vom Berg auf Balaklawa herab, staunt man über die Geschmacklosigkeit der Gebäude, die wichtigtuerischen Protzbauten aus der Stalinära, die dann abgelöst wurden von einer sich als Schlichtheit ausgebenden Armut und Talentlosigkeit der spätsowjetischen Architektur. Dieser Wildwuchs setzte sich auch unter der Ukraine fort. Manche bauten Luxusvillen, andere einen Hühnerstall für den Sommeraufenthalt, der sich Datscha nannte. Wie soll man damit fertigwerden? Wie die Hässlichkeit der Architektur überwinden, die in so krassem Widerspruch zur Schönheit der Natur steht? Das ist sehr schwer zu beantworten.

Mit seinem klapprigen Lada fährt mein Alexander Fedotowitsch am Café vor, sammelt mich ein und chauffiert mich an Balaklawas Promenade entlang. (In ihrer Marina sehe ich eine Menge sündhaft teurer Luxusyachten liegen.)

„Sehen Sie dort den Club EPRON?“, sagt er und deutet auf ein Sowjetgebäude mit Säulen. „Das ist die Abkürzung für *Ekspedizija podwodnych rabot osobogo nasnatschenija*, Expedition für Unterwasserarbeiten besonderer Bestimmung. In den 1930er-Jahren war das ursprünglich eine Schule für U-Boot-Fahrer. Wissen Sie, warum es in Balaklawa so viele davon gegeben hat?“

Er erzählt noch eine Geschichte, die mit den Engländern zu tun hat, diesmal eine Abenteuergeschichte, die es mit Stevensons „Schatzinsel“ aufnehmen könnte. Während der englischen Besetzung tobte am 14. November 1854 ein Schneesturm ohnegleichen, und die Schraubenfregatte „Prinz“ sank. Sie hatte vor der Bucht von

Linke Seite **Ein uniformiertes Mädchen bei einer Militärparade.**
Oben **Eine Frau an einem Schießstand in der Bucht von Balaklawa**

Balaklawa mit einer Ladung Gold im Wert von 200 000 Pfund Sterling, dem Sold für die britische Armee, vor Anker gelegen …

Der Fremdenführer legte eine vielsagende Pause ein. „Jahrzehntelang hat man nach dem Gold gesucht, Japaner, Italiener, weiß Gott, wer noch alles. Das Schiff wurde ‚Der Schwarze Prinz' genannt. Wahrscheinlich hat es da überhaupt kein Gold gegeben …" Er verstummt. Dann plötzlich: „Unter den Deutschen war in dem Gebäude ein Spielcasino." Und dann, vollkommen unerwartet, mit Stolz: „Im März 2014, am Abend vor dem Referendum über den Anschluss der Krim an Russland, hat man auf dem Dach die Flagge der Russischen Föderation gehisst."

„Etwas voreilig. War das nicht illegal?", bemerke ich. Offenbar haben unsere Gespräche endlich einen wunden Punkt getroffen. Empört sagt er: „Sie wollen wissen, was hier unter der Ukraine besser war?" – „War denn etwa irgendetwas besser?" – „Der Markt, der war besser. Es gab viele Wurstsorten, die Preise waren niedrig. Aber! Wissen Sie, was die Nato ist?" – „Hm!" Über die Nato weiß ich jedenfalls mehr als über Kartätschen. – „Wenn wir nicht zu Russland gegangen wären, dann hätten wir jetzt in Sewastopol einen Nato-Stützpunkt." – „Wieso haben Sie denn solche Angst vor der Nato?" – Er sieht mich entsetzt an. Die Leute hier assoziieren die Nato mit einer unterirdischen Bestie. Die Zentauren von Balaklawa sind nicht nur die Opfer von Propaganda, sondern auch deren enthusiastische Initiatoren.

Am letzten Abend gerate ich in einen Tempel des Hedonismus. Die Winzerei „Goldenes Tal", die auf 1000 Hektar Wein anbaut (Sie erinnern sich: im Tal des Todes), hat erst kürzlich, schon unter Russland, ein elegantes Gebäude errichten lassen, eine Champagneria. Es handelt sich um ein luxuriöses Geschäft mit Produkten aus eigener Herstellung, Schaumweinen und – wie man hier Wein ohne Bläschen nennt – stillen Weinen. Nicht weniger beeindruckend sind der Saal für die Verkostung, das Restaurant und der Keller. Man zeigt mir frisch aus Frankreich importierte Eichenfässer. Und wieder kein Wort über die Ukraine!

Junge Leute, eine neue Generation von Sommeliers, Werbefachleuten und Weinmanagern, erzählen mir nichts von den Problemen mit der Meinungsfreiheit oder den Schwierigkeiten der krimtatarischen Bevölkerung, nichts von der „Umverteilung" von Immobilien auf der ganzen Krim oder von einem drohenden ökonomischen Kollaps infolge fehlender Investitionen. Nein, diese prosperierenden Zentauren haben nur das hier stattfindende internationale Musikfestival ZBFest im Kopf.

Wir lassen uns mit Champagner volllaufen, und das Ganze endet mit Verbrüderung und feucht-fröhlichen Ausrufen aus allen Richtungen:

„35 000 Fans!"

„Lieber Viktor, kennen Sie die deutsche Band Scooter? Die ist bei uns aufgetreten! Echt! Auf dem letzten Festival."

„Die Leute haben getanzt, unter freiem Himmel in den Weingärten!"

„Alle unterstützen uns. Schnur mit seiner Band Leningrad war auch hier!"

„Glauben Sie an Volksdiplomatie? Wir schon! Mit Volksdiplomatie schaffen wir es! Der Westen wird klein beigeben."

„Sollen doch alle hierherkommen. Bei uns geht's lustig zu."

„Die Krim ist eine offene Insel."

„Liebster Viktor, noch ein bisschen Champagner gefällig?"

„Auf ex!"

Vielleicht ist das der Tanz auf dem Vulkan? Die Zentauren von Balaklawa lassen sich nicht umpolen. Ihr Körper, der den Genuss liebt, existiert nicht getrennt vom militärisch-patriotischen Kopf. Ich sehe, die Russen sind in Balaklawa angekommen. Gründlich und für lange.

Aus dem Russischen von Beate Rausch

Viktor Jerofejew, Jahrgang 1947, führender russischer Schriftsteller, Essayist und Kosmopolit, freute sich bei seinen Recherchen über ein Geschenk, das den Begriff Balaklawa in alle Welt getragen hat: die gleichnamige Sturmkopfhaube mit Sehschlitz.

Dmitrij Leltschuk, geboren 1975 in Minsk, Weißrussland, ist freier Reportagefotograf in Hamburg. Man ließ ihn auf seiner Reise gelegentlich unangenehm spüren, dass er kein Putin-Freund ist.

Die Rückkehr des Odysseus

Fundstücke aus Kunst und Literatur

20 Jahre sei Odysseus in Kriegen und auf Irrfahrten über die Meere unterwegs gewesen, bevor er zu seiner Frau Penelope ins Königreich Ithaka zurückkehrte, schrieb Homer in seiner „Odyssee“. Diese Rückkehr hat viele Künstler inspiriert. So auch den in Griechenland aufgewachsenen italienischen Maler Giorgio de Chirico (1888–1978), der als Hauptvertreter der Pittura metafisica, einer Vorläuferin des Surrealismus, gilt. In seinem ironischen Gemälde „Il ritorno di Ulisse“ rudert der sehr kleine Held in einem bürgerlichen Wohnzimmer, das mit De-Chirico-Möbeln und -Bildern ausgestattet ist, im Kreis, um hoffentlich irgendwann dort anzulangen, von wo er gestartet ist: zu Hause. Kein kleiner Held, sondern ein großer und viriler ist der Odysseus im Gedicht des zypriotischen Dichters und Dramatikers Kyriakos Charalambidis (geboren 1940), der ebenfalls ein Meister der Ironie ist und die antiken Dichter gern mit subtiler Doppeldeutigkeit verfremdet. Die kanadische Schriftstellerin Margaret Atwood (geboren 1939) wiederum geht mit Odysseus scharf ins Gericht. In ihrem 2005 erschienenen Roman „Die Penelopiade“ erzählen Penelope und die zwölf erhängten Mägde, die sonst nur Randfiguren sind, die Odyssee aus ihrer Warte: Antike, feministisch umgedeutet. *zdb*

Giorgio de Chirico

„Il ritorno di Ulisse“, 1968, Öl auf Leinwand, 59,5 mal 80 Zentimeter,
Fondazione Giorgio e Ida de Chirico, Rom

Kyriakos Charalambidis

Penelope erkennt Odysseus

Sein Gesicht beleuchtete die Sonne.
Seine Ohrringe, seine Halsketten strahlten.
Seine langen Haare: ein dichter Wald
seiner gottgeschenkten Männlichkeit. Und Penelope
kam und betrachtete ihn etwas argwöhnisch.

Kurz zuvor, als er seine Lumpen
trug und sich noch nicht gewaschen
und gesalbt hatte, erforschte sie ihn
und verglich ihn mit ihrem Mann, voll Vertrauen,
dass er es sei, und trotzdem, etwas in ihrem Inneren
hielt sie von ihm fern; wollte sie sich vielleicht
von ihm fernhalten? Fürchtete sie sich also
vor dem schrecklichen Augenblick? Was sagt dazu Maronitis?
Und wie erklärt es Kakridis, dass ihr Sohn
als Erster zu ihr eilte mit dem Wort „Du böse Mutter!"

Homer, der große Rhapsode,
soll, wie Plato bezeugt, ihn mit eigenen Augen gesehen und
dieses „Böse Mutter!" von ihm gehört haben.

Sie wandte sich ihm zu, und besonnen, wie sie immer war,
antwortete sie ihm: „Mein Herz, das du
als unbeugsam und hart bezeichnest, ist nicht so,
es ist beengt in meiner Brust
und dabei hat es seine Worte verloren und senkt jetzt sein Haupt.
So wollen wir nun, Telemachos, sehen, was
der Fremde uns über seine verborgenen Zeichen zu sagen hat."

Und trotzdem! Sie sprachen so lange Zeit,
sie hatten sich getroffen und sind einander begegnet,
– fern von Philologen, Dichtern
und Philosophen – da sie sicher waren
über all das, was folgen würde (eine Frage der Zeit), unbeweglich.

Und sie zündeten die Lichter an, gossen Düfte aus,
legten ihre Festkleider an, nahmen die Lauten,
sangen und tanzten, bevor der eine
den anderen nach dem Entscheidenden fragte, das dort war
und auf sie wartete, das Lager.
(Beschreibung, Charakteristika, Anordnung und Form
und all das, was Bewunderung hervorruft.)

Aus dem Griechischen von Evangelos Konstantinou

Margaret Atwood
Aus: „Die Penelopiade"

XXIII – Odysseus und Telemachos machen die Mägde kalt

Ich verschlief das Blutbad. Wie konnte ich nur? Ich habe den Verdacht, dass Eurykleia etwas in den beruhigenden Trunk tat, den sie mir gab, um mich aus dem Kampf herauszuhalten und mich daran zu hindern einzugreifen. Nicht, dass ich in den Kampf hätte eingreifen können: Odysseus hatte darauf geachtet, dass alle Frauen sicher im Frauenquartier eingeschlossen waren.
Eurykleia schilderte mir das Ganze, nicht nur mir, sondern jedem, der es hören wollte. Zuerst, sagte sie, sah Odysseus – noch immer in der Verkleidung eines Bettlers – zu, wie Telemachos die zwölf Axtblätter aufstellte und wie die Freier vergeblich versuchten, seinen berühmten Bogen zu spannen. Dann bekam er den Bogen selbst in die Hände, spannte ihn und schoss einen Pfeil durch die zwölf Augen – auf die Weise gewann er mich zum zweiten Mal zur Braut. Darauf schoss er Antinoos einen Pfeil durch die Kehle, warf seine Verkleidung ab und machte Hackfleisch aus jedem einzelnen der Freier, erst mit Pfeilen, dann mit Speeren und Schwertern. Telemachos und zwei treue Hirten halfen ihm; trotzdem war es eine beträchtliche Heldentat. Die Freier hatten ein paar Speere und Schwerter, die ihnen von Melanthios, dem verräterischen Ziegenhirten, gebracht wurden, aber nichts von dem Eisenzeug nützte ihnen am Ende etwas. Eurykleia erzählte mir, dass sie und die anderen Frauen hinter der verschlossenen Tür gekauert hatten, den Rufen und Geräuschen splitternder Möbel und dem Stöhnen der Sterbenden lauschend. Dann schilderte sie die grauenvolle Fortsetzung.
Odysseus rief sie herbei und befahl ihr, die Mägde zu nennen, die, wie er es nannte, „treulos" gewesen waren. Er zwang die Mädchen, die Leichen der Freier hinaus in den Hof zu schleppen – darunter die Leiber ihrer früheren Liebhaber – und Hirn und Eingeweide vom Boden aufzuwischen und, was immer an Stühlen und Tischen heil geblieben war, zu säubern.
Dann – fuhr Eurykleia fort – befahl er Telemachos, die Mägde mit seinem Schwert in Stücke zu hauen. Aber mein Sohn, der vor seinem Vater entschieden auftreten und zeigen wollte, dass er es besser wusste – er war in dem Alter –, hängte sie alle in einer Reihe an einem aufgespannten Schiffstau auf.

Aus dem Englischen von Malte Friedrich

LE GRAZIE

TEXT: ZORA DEL BUONO
FOTOS: GIANMARCO MARAVIGLIA

In der Bucht von La Spezia liegt ein Dorf, das seit Generationen vom militärischen Tauchen lebt: Le Grazie

Virgilio Pinto war Kommandant und ist heute Administrator des Ehemaligenvereins der Helmtaucher. Er geht oft in die Militärakademie. Wer regiert, ist ihm gleichgültig, weil Regierungen wechseln. Hauptsache, der Staat ist stark

Die eine der beiden Halbinseln des Varignano. Früher eine Festung, sind die Halbinseln heute Sitz des COMSUBIN, der Spezialeinheit der italienischen Marine. Auf dem Varignano leben auch Kinder und Angehörige der Soldaten

Tausende Bomben liegen noch unte

KLAMMES WETTER, EIN KLAMMER ORT, WO MAN an freundlicheren Tagen die Sonne über dem Meer aufgehen sieht, obwohl das Meer doch eigentlich im Westen liegt. Der Ort heißt Le Grazie und liegt in der Bucht von La Spezia, die wegen ihrer geschützten Lage zum zweitwichtigsten Marinestützpunkt Italiens wurde. Gleich hinter Le Grazie beginnen die Cinque Terre, beginnt touristisches Sehnsuchtsland, dort, wo die Sonne im Meer versinkt. Auch Le Grazie schmiegt sich um eine Bucht, eine kleine in der großen, ist doppelt geschützt. Der Hafen ist nicht pittoresk. Zwar liegen da ein paar historische Segler von vermögenden Engländern, einer hat sogar Elton John gehört, ansonsten nur Fischerboote. Störend ist vor allem die Werft, wo dauernd gesägt und gebohrt wird, ein Lärm, der den Einwohnern auf die Nerven geht, weil keiner von ihnen dort arbeitet und die Werft einem Fremden aus Carrara gehört und einer touristischen Nutzung des Hafens im Weg steht.

Das Dorf wurde 2007 zur „Città dei palombari", zur „Stadt der Helmtaucher", gekürt, und das mit gutem Grund. Bis vor wenigen Jahrzehnten hing an jedem Balkon einer dieser monströs großen braunen Tauchanzüge zum Trocknen. Jeder im Dorf hat ein Familienmitglied, das fürs Militär tauchte, das geht schon seit Generationen so. Der Krieg spielte stets eine Hauptrolle hier. Oder auch: das Aufräumen nach dem Krieg. Abertausende Bomben und Minen aus beiden Weltkriegen mussten und müssen noch aus den Tiefen der Meere hochgeholt werden, nicht nur im Mittelmeer, die Taucher werden rund um den Globus geschickt. Und damit der Krieg nie in Vergessenheit gerät, thront auf zwei Landzungen mächtig die Spezialeinheit der Marine samt Militärakademie: „Il Varignano", benannt nach dem Fort aus dem frühen 18. Jahrhundert. Die Einheit heißt eigentlich COMSUBIN, „Kommando Unterwasser und Angriff ‚Teseo Tesei'" (nach jenem Offizier, der den bemannten Torpedo erfunden hat, „il maiale", „das Schwein", der im Zweiten Weltkrieg zum Einsatz kam). Doch alle sagen nur: der Varignano.

Alle, das sind die Einwohner von Le Grazie, die Militärs und nicht zuletzt die Pensionäre, um die es hier gehen soll. Männer, die ihr Leben der Kampfmittelbeseitigung und der Rettung aus großer Tiefe verschrieben hatten. Männer, die immer dann gerufen werden, wenn ein Flugzeug ins Meer stürzt, ein Schiff versinkt, Bomben entdeckt werden. Männer, die weniger als Einzelne zu betrachten sind, sondern als Glieder eines gewaltigen Körpers, denn das ist es, was ihnen wichtig ist: Teil eines großen Ganzen zu sein, einer Institution, einer (oftmals geheimen) Mission und eines Erlebens, das über das individuelle hinausgeht. Der materialisierte Ausdruck dieses ideellen Körpers ist der Varignano.

Der älteste der Pensionäre ist 93 und nahm am Zweiten Weltkrieg teil, der jüngste 60, er berät heute Ingenieure, die Dekompressionskammern bauen. Sie und zwei Dutzend andere Männer sind Mitglieder des Ehemaligenvereins der Helmtaucher, ihr Vereinszimmer liegt dem Hafen gegenüber am Lungomare, das Herz des Körpers gewissermaßen. An den Wänden Fotografien in Schwarz-Weiß, mitten im Raum einer der ersten Taucherhelme, 1905 von der legendären Firma Galeazzi gebaut und 18 Kilogramm schwer. In den Varignano gehen die Männer kaum noch, aber die im Varignano kennen die Geschichten über die Taten der alten Männer natürlich, die oft Heldentaten waren.

Vorhergehende linke Seite „Il Cristo degli abissi" ist eine Bronzestatue, die 1954 von der Marine in der Bucht von San Fruttuoso zum Gedenken an einen ertrunkenen Taucher versenkt wurde. 1971 statteten ihr Taucher des COMSUBIN einen Besuch ab

Oben Wenn die Helmtaucher Minen räumen mussten, waren ihre Schuhe nicht mit Metall, sondern mit Zement beschwert. Dieses Bild gewann 1960 einen internen Fotowettbewerb

Kapitän der Fregatte und Kommandant der COMSUBIN Bruno Rocca. Eine seiner Aufgaben ist es, neue Soldaten zu rekrutieren. Es fällt zunehmend schwer, geeignete junge Männer zu finden

Raffaele Tirozzi (hinten) und ein Kollege transportieren einen der alten Helme, mit denen sie einst getaucht sind. Schon Tirozzis Schwiegervater war Helmtaucher und hat in Dünkirchen Weltkriegsschrott aus den Tiefen geholt

Im Varignano gibt es fünf verschiedene Einheiten, unter anderem die für Kampfschwimmer. Das COMSUBIN besteht aus rund 700 Soldaten und zivilen Mitarbeitern. Viele Aufgaben unterliegen der Geheimhaltung

Die Soldaten gehen zusammen in die Kirche, die am Ende des Dorfs liegt, dort, wo das Kasernenareal beginnt. Bei der heutigen Messe wird der Toten in Albanien vor 20 Jahren gedacht

auch wenn das Interesse an den frühen Jahren des Helmtauchens abnimmt und die Anekdoten nahezu archaisch anmuten, wie wenn man jungen Leuten die Welt zu Zeiten ohne Internet zu erklären versucht. Die Technik hat sich verfeinert, ist aber im Grunde die gleiche geblieben: Der Taucher trägt über warmen Unterkleidern (früher von den Frauen Le Grazies gestrickt) einen wasserdichten Anzug aus festem Gewebe mit Gummibeschichtung, der groß genug sein muss, dass man sich darin selber umarmen kann, einen mit dem Anzug verbundenen Kugelhelm mit mehreren Sichtöffnungen, gleichmäßig verteilte Gewichte, Blei- oder Zementschuhe, eine Luftversorgung per Oberflächenverbindung und ein Ablassventil für die verbrauchte Atemluft. Die Ausrüstung wiegt bis zu 100 Kilogramm, schwimmen kann der Taucher damit nicht, er schreitet über den Meeresboden. Die Kunst ist es, den Druckausgleich ohne Nasenklemme zu schaffen und die Luftmenge im Anzug so unter Kontrolle zu halten, dass man nicht zu schnell auftaucht, was schlimmstenfalls zum Tod führen kann. Keinesfalls darf der Luftschlauch reißen, sonst fällt der Druck im Anzug ab und der Körper des Tauchers wird in den druckstabilen Helm gepresst und zermatscht, ein Rückschlagventil am Helm soll das verhindern. Früher arbeitete man mit bloßen Händen, die gegen die Kälte eingefettet waren. Das Tauchen in großer Tiefe ist eine kalte Angelegenheit.

Auch im Vereinslokal ist es klamm, man sitzt in Winterjacken da, doch keiner jammert, sie sind Härteres gewohnt. Es ist ein Kommen und Gehen, durch den Raum schwirren Sätze wie:

„Das Militär fängt nie den Krieg an, es führt ihn nur aus.“ … „Um den Frieden zu halten, muss man sich auf den Krieg vorbereiten.“ … „Je weniger die Amerikaner rausgehen, desto besser. Sie verstehen die anderen Völker nicht.“ … „Regierungen wechseln. Hauptsache, der Staat ist stark.“ … „Natürlich bin ich rechts. Wer sein Land liebt, ist rechts.“ … „Es gibt keine Linken im Varignano. Nicht einen.“ … „Der Kommunismus war eine schöne Idee.“ … „Die Marine ist die Elite. Und die ‚subaquei‘ sind die Elite der Elite.“ … „Nur 200 können das.“ … „Taucher kennen kaum Hierarchien. Jeder ist auf den anderen angewiesen.“ … „Wenn mir unter Wasser langweilig war, habe ich Mickymaus gelesen.“ … „Mein Vater hatte ein Lungenvolumen von sieben Litern, nicht nur von vier.“ … „Ja, ja, dein Vater, der Held.“

Politisch wollen sie partout nicht sein, auch wenn mehr als einer die Armbanduhr mit dem Abzeichen der „Flottiglia Decima MAS“ trägt, jener Marinespezialeinheit im Zweiten Weltkrieg, die zu einer Art Staat im Staat wurde und zum Symbol der faschistischen Sozialrepublik von Salò, Mussolinis Hauptstadt am Gardasee von 1943 bis 1945. Selbstverständlich war ihr Berufsleben von politischen Entscheidungen geprägt, auch wenn sie gelegentlich eher anekdotischen Charakter haben wie die Geschichte mit Aldo Moro, der 1978 von den Brigate Rosse entführt wurde. Polizei, Mafia, sogar das FBI waren wochenlang damit befasst, den Politiker tot oder lebendig zu finden, man habe schließlich ein Medium befragt, und das Medium habe den Lago della Duchessa genannt, worin der Ministerpräsident versenkt worden sei, woraufhin das Sonderkommando an den See geschickt wurde. Vier Tage habe man auf das „Go“ gewartet und Karten ausgewertet, Moros Leiche sei aber schließlich im Kofferraum eines Renault 4 in Rom gefunden worden. ➣

Fürs Militär zu tauchen fordert Disziplin

Oben Der Instruktor Capo Feroldi führt seine neue Truppe in die Technik des Tauchens ein, 1950

Der Präsident des Ehemaligenvereins Domenico Matarese war bis 2000 Kommandant. Als er 1968, zur Zeit der Studentenrevolte, in die Marine eintrat, war die Disziplin dort ein Schock für ihn, obwohl sein Vater schon beim Militär war

Zwei Übungspools gibt es auf dem Militärgelände des Varignano. Mit den hochmodernen Atmosphäretauchanzügen ADS kann ein Mann in Tiefen von bis zu 300 Metern arbeiten

Lieber als über Politik sprechen die alten Männer über ihre Hunde und Katzen. Über neugierige Tintenfische und spielende Delfine. Über die Unterwasserwelt.

„Tauchen ist die Tür zu einem anderen Kosmos.“ … „Hätte ich kein Rheuma, ich ginge wieder runter.“ … „An seiner Atmung erkennst du, ob er die Bombe gefunden hat.“ … „Die Hände sind die Augen des Tauchers, du musst tasten, tasten, du verlierst schnell die Orientierung“ … „Noch heute träume ich vom Blau der Tiefe.“ … „Je tiefer du bist, desto klarer die Sicht.“ … „Es ist eine verlangsamte Welt da unten, alles braucht Zeit.“ … „Du kannst nicht schnell auftauchen, sonst explodierst du.“ … „Nie werde ich den Delfin vergessen, den ich von Seilen um seine Schnauze und einem Haken im Rachen befreit habe. Danach ist er vor Glück gesprungen. Und ich habe gesungen.“

Wenn die Sätze zu fliegen aufhören und einer ausführlicher zu erzählen anfängt, hören sie nicht unbedingt hin, denn sie kennen die Geschichten, aber bei manchen Erzählungen wird es dann doch still, als ob ein Einzelner aus dem Gesamtkörper herausträte, nicht um anzugeben, sondern um zu erklären, was es bedeutet, ein „palombaro“ zu sein.

Elio Rubaldo zum Beispiel, der Älteste der Runde, der von Bombenentsorgungen im Meer vor Bari erzählt. Von dem deutschen Bombardement, das auch den amerikanischen Frachter „John Harvey“ versenkte, der mit Senfgasgranaten beladen war, die dann Hunderte Soldaten verätzten, weil die Ladung geheim war und keiner der Soldaten wusste, was er da in Händen hielt, und weswegen es fast zu einer weiteren Eskalation des Kriegs gekommen wäre, weil man fälschlicherweise annahm, das Senfgas stamme von den Deutschen. Auch Rubaldo ist verätzt worden, 1951 bis 1955 war er in Bari, holte Bombe um Bombe hoch. Man goss sie in Beton und versenkte sie in der Mitte der Adria, wo das Meer 3000 Meter tief ist, was heute verboten ist, weil in dieser Tiefe Garnelen gejagt werden. Private Firmen haben die Entsorgung übernommen. Damals wechselte man ab, einen Tag unter Wasser, den nächsten Tag auf dem Schiff oben. Man hat die Bombe hochgeholt und sie dann von Hand weitergereicht, alle trugen Gasmasken und drei Paar Handschuhe. Als wegen des Drucks aus einer Bombe giftiges Wasser über ihn gelaufen sei, hätten sie ihn sofort ausgezogen und den ganzen Körper mit Permanganat eingeölt, er habe aus dem Kühlschrank Milch genommen, danach Wein getrunken auf die Milch, damit er sich übergeben konnte, neun Stunden lang habe er das gemacht, Milch und Wein und alles ausgekotzt, das habe ihn gerettet. Als er aus der Kabine kam, habe er wie Frankenstein ausgesehen, die Narben auf dem Rücken seien heute noch zu sehen. Oder Raffaele Tirozzi, der von dem Seifenstückchen mit dem TNT erzählt, das sie während der Schulung in der Druckkammer auf der Zunge haben mussten, damit sie auf keinen Fall den Mund schlössen, weil ihnen sonst das Trommelfell geplatzt wäre. Sowieso ist viel von TNT die Rede, von glücklichen Momenten des Überlebens bei Explosionen.

Der Tod gehört zu dieser Arbeit daz

Und so landet man immer wieder bei Erzählungen vom Tod, von der einen grässlichsten Sache, die jeder erlebt hat und die sich ins Gedächtnis eingebrannt hat bis heute. Wie beim Präsidenten des Vereins, Domenico Matarese, der seine Kindheit auf dem Lido von Venedig verbrachte, trotzdem nicht schwimmen konnte und lieber tauchen lernte. Matarese war Kommandant von 1990 bis 2000, hat U-Boote befehligt, hat in Amerika die „Explosive Ordnance Disposal“-Spezialisierung bei der Nato absolviert, sich für nukleare Katastrophen und terroristische Attacken ausbilden lassen, hat mit den Ingenieuren von Galeazzi Tauchgeräte entwickelt – und erzählt doch am Bildhaftesten diese eine Geschichte aus Apulien, wo er einen ertrunkenen Fischer aus 170 Meter Tiefe hochholen musste. Der Mann sei nackt gewesen, sagt Matarese, er habe den Leichnam in den schwarzen Sack gestopft, der erst langsam abgesunken sei, weil das Gas aus dem Körper austrat, der Sack habe sich dadurch aufgebläht, und als sie oben angekommen seien, sei der Sack explodiert, und es habe so bestialisch gestunken, dass die Marinesoldaten weggerannt seien, aber das Abscheulichste seien die Fliegen gewesen, die sich schon Sekunden später auf den Kadaver gestürzt hätten. Man habe nicht gewusst, woher die alle kamen, unvergesslich sei das gewesen, grauenhaft. ➢

Rechts Helmtaucher müssen darauf vertrauen, dass die Luftzufuhr von oben gewährleistet ist. Das Prinzip hat sich über Jahrzehnte kaum geändert

Wenn ein Auto ins Wasser fällt, wird nicht die Feuerwehr gerufen, sondern die Marine. Raffaele Tirozzi musste einmal einen Bürgermeister aus 55 Meter Tiefe hochholen und dann Hunderte Meter mit dem Toten an Land schwimmen

Der Tod schaut immer zu, in all seinen Formen, steht da vor einem als Bedrohung, als Warnung, als Erinnerung an die eigene Sterblichkeit. Und schon schwirren sie wieder, die Sätze:

„Fische fressen zuerst die Augen der Toten.“ … „Das heimliche Liebespaar in der abgestürzten Piper, der Pilot und eine Frau. Auf 150 Meter Tiefe. Beide angeschnallt. Aber ohne Augen.“ … „Lebende holen wir nie rauf.“ … „Der Tote war so aufgebläht, dass ich ihn nicht durch die Kabinentür kriegte, wie ein Kugelfisch, ich musste ihm den Bauch aufschneiden; der schlimmste Moment meiner Jugend.“ … „Heutzutage holen sie Flüchtlinge.“ … „Wenn ich viele Fische sehe, weiß ich, wo die Leiche ist.“ … „Fass eine ältere Leiche an, und sie löst sich zu einer weißen Wolke auf.“ … „Sie zerstäuben wie Seifenflocken im Wasser.“

7000 Kilometer lang ist die Küstenlinie Italiens, 30 000 Italiener sind im Besitz eines Taucherbrevets. Aber Junge zu finden, die diesen Job machen wollen, wird seit der Abschaffung der Wehrpflicht immer schwieriger. Es treten oft junge Männer in die Marine ein, die arbeitslos sind, die darin ihre Chance sehen. Nicht alle stehen die Ausbildung durch, keiner von ihnen ahnt, wie hart es ist, was Diziplin wirklich heißt und was Gehorsam.

Ein paar von ihnen werden später die Ausbildung im COMSUBIN beginnen, nur eine Handvoll sie beenden. Die Elite der Elite. Auf dem Hauptgebäude der Kaserne im Varignano prunkt in eindrucksvoll großen Lettern: *Per la patria.* Das ist es, was die Leute im Varignano nebst der Liebe zum Meer verbindet: die Liebe zur Heimat.

Leichen zerstäuben wie Seifenflocken

Nicht alle in Le Grazie mögen das Militär. Carla Ferro, die greise, aber hellwache Kommunistin, Partisanin und Dorfchronistin, hasst alles, was mit dem Varignano zu tun hat. Sie schimpft über die Faschisten, die in die Messe gingen und dort scheinheilig christliche Lieder sängen. Sie sagt, das Dorf sei immer links gewesen, sie lobt jene, die aus dem Militärkörper ausgetreten sind, die Taucher blieben, aber in die Privatwirtschaft wechselten. Jene also, die von den alten Männern mitleidig beäugt werden, weil sie nicht die Disziplin hatten, in der Marine zu bestehen, „zu kraftlos waren“, wie sie sagen.

Und dann, an einem Abend, als sie alle zusammen im Restaurant neben dem Vereinszimmer essen gehen, verstummen sie plötzlich, werden still und ehrfürchtig. An einem Tisch am Fenster speist Paolo Pezzutti, der Admiral des COMSUBIN, „der Nelson von heute“, wie einer flüsternd erklärt. Und als der Admiral an ihren Tisch tritt, um ihnen die Ehre zu erweisen und sich zu verabschieden, gewinnt jeder dieser alten Taucher an Körperspannung, vergessen sind Rheuma und sonstige Leiden, sie sitzen als geschlossenes Ganzes da, aufrecht, stolz und erfüllt vom Gruppengeist. Sie sind Männer des Meeres. Männer mit einer Geschichte. Männer des Militärs.

mare-Redakteurin Zora del Buono, Jahrgang 1962, kennt die Geschichten der Bomben vor Bari von privater Seite: Ihr Großvater war 1952 behandelnder Arzt der verletzten Seeleute. Der Mailänder Fotograf Gianmarco Maraviglia, geboren 1974, fokussiert auf soziale Themen rund um die Welt.

Text: Susanne Frömel Fotos: Claude Cahun

PAPIER KRIEGERINNEN

Das Wort als Waffe. Wie zwei Widerstandskämpferinnen auf der Insel Jersey mit Zetteln, Zigarettenpackungen und Flugblättern gegen Nazis kämpften

„UNSER IDEALISMUS HAT IHR ZYNISCHES KONZEPT DER MENSCHLICHEN SPEZIES ÜBERTROFFEN“

Linke Seite **Claude Cahun, Foto von 1920/1921.**
Oben **Flugblatt mit der abgeänderten Schlussstrophe des Gedichts „Lore-Ley“ von Heinrich Heine – eine Anspielung auf Jerseys Nazikommandanten Siegfried Heine**

In Saint Brélade auf der Insel Jersey, wo man an guten Tagen bis nach Frankreich hinüberblicken kann, gibt es einen Strand, der so weiß und feinkörnig ist, dass man ins Träumen gerät. Fast an den Strand grenzend, steht dort ein wunderschönes Anwesen namens „La Rocquaise“. Wenn man von hier ins Wasser watet, vorsichtig, wegen der starken Drift, spürt man eine warme Strömung, die bis in den Herbst erhalten bleibt und es einem möglich macht, auch dann noch zu baden, wenn die Blätter sich schon verfärben. Es ist die Art Strand, an dem man leicht auf verrückte Gedanken kommt. Zum Beispiel den, dass man die deutsche Wehrmacht mit selbst geschriebenen Zetteln besiegen kann, auf denen steht: „Alarm! Alarm!! Alarm!!! Warum? Weil Berlin brennt, weil unsere Städte umfallen, weil die fremden Arbeiter und die Flüchtlinge unsere Dörfer ausplündern?“ Es ist nicht unwahrscheinlich, dass einem diese Art Gedanken den Tod bringen.

Nicht dass der Wahnsinn in Claude Cahuns Familie unbekannt wäre. Ihre Mutter hat Jahre in einer Heilanstalt für Geisteskranke verbracht, und der Vater ist so besorgt über die Erblichkeit dieser Disposition, dass er seine einzige Tochter bestärkt, bloß keine Kinder zu bekommen. Das Leben der Tochter ist ohnehin kompliziert genug. „Eine ‚arische‘ Mutter … fettleibig … geschlagen mit Geisteskrankheit, zumindest, wenn man den Psychiatern glaubt, weggesperrt …“, schreibt Cahun in einem Brief, „ein jüdischer Vater zu Zeiten der Dreyfus-Affäre … eine idealistische Erziehung … schon der Gedanke an normale Beziehungen oder Aktivitäten schreckt meine Familie, die, um mich vor einer Welt zu schützen, die mir a priori feindselig vorkam, mich mit einer Herkunft geschlagen hatte, die a priori als todbringend zu beurteilen war. Mein Vater konnte mir zu meinem siebten Geburtstag nichts Besseres anbieten als dieses: ‚Es tut mir sehr leid, dass ich dich in diese Welt gebracht habe.‘“

Claude Cahun wird am 25. Oktober 1894 unter dem Namen Lucy Renée Mathilde Schwob in eine wohlhabende jüdische Intellektuellenfamilie in Nantes geboren. Ihr Leben ist früh voller Widerstände, die es zu überwinden gilt. Der Mutter etwa gefällt das schmallippige, spitze Gesicht des Kindes nicht, eine Enttäuschung, die sie auch ausspricht. Der Vater schätzt dafür Lucys wachen Geist und scharfen Intellekt, aber er ist überfordert und gibt die Tochter erst zu einer Tante, dann zur Großmutter. Erst als Lucy 1909 im Alter von 14 Jahren die 16-jährige Suzanne Malherbe kennenlernt, ändern sich die Umstände zum Besseren. Lucy verliebt sich in Suzanne und umgekehrt, sie bleiben auch dann noch ein Paar, als Lucys Vater 1917 die verwitwete Madame Malherbe ehelicht und damit Lucy und Suzanne zu Stiefschwestern macht.

Beide zieht es zur Kunst und Aufsässigkeit. Lucy studiert die Literatur, während Suzanne sich dem grafischen Zeichnen zuwendet, aber beide sind fasziniert von den Intellektuellensalons in Paris, in denen André Breton und Oscar Wilde verkehren. Sie beginnen mit Geschlechterrollen zu experimentieren, schneiden sich die Haare ab und unterschreiben ihre Werke alsbald mit androgynen Namen. Aus Lucy wird Claude Cahun, aus Suzanne Marcel Moore. Schon bald ist vor allem Claude Cahun eine wichtige, wenn auch unterschätzte Surrealistin, die sich vor allem auf fotografische Inszenierungen und Skulpturen versteht. 2007 wird David Bowie eine große Ausstellung mit ihren wichtigsten Werken kuratieren. ➢

„DIE FEIGEN BÜROKRATEN
DER POLIZEI, DIE VON LÜGEN
UND SCHÄNDLICHER GRAUSAMKEIT
LEBEN, WERDEN VON DEN
SOLDATEN OHNE NAMEN AUSGELÖSCHT“

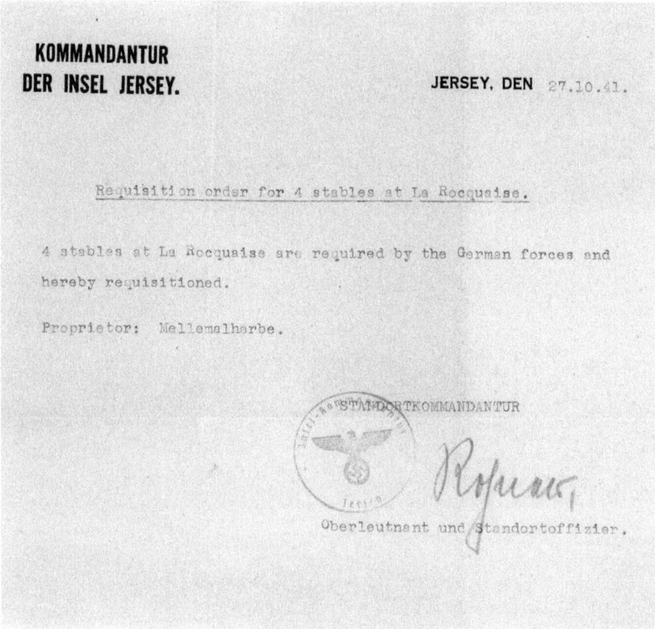

KOMMANDANTUR
DER INSEL JERSEY.

JERSEY, DEN 27.10.41.

Requisition order for 4 stables at La Rocquaise.

4 stables at La Rocquaise are required by the German forces and hereby requisitioned.

Proprietor: Mellemalherbe.

STANDORTKOMMANDANTUR

Oberleutnant und Standortoffizier.

Linke Seite **„La Rocquaise", mit Cahun im Garten.** *Oben links* **Dokument der Beschlagnahmung.** *Oben* **Deutsche Soldaten in der Bucht von Saint Brélade.** *Unten* **Moore auf einem Foto von 1928**

All das wissen die Menschen auf Jersey nicht, als Claude Cahun und Marcel Moore 1937 dorthin auswandern und von dem Geld ihrer Familien das großzügige Anwesen „La Rocquaise" mit Blick auf die Bucht von Saint Brélade und ihren wunderschönen Strand kaufen. All das wissen auch die Deutschen nicht, als sie am 28. Juni 1940 mit der Invasion der Kanalinseln beginnen, mit der Absicht, für Hitler den absurden Atlantikwall zu errichten.

„La Rocquaise" sollte das Paradies für die beiden Frauen werden. Doch daraus wird nichts. Als die ersten Bomber die Insel erreichen, sitzt Claude Cahun in einem Badeanzug auf einem Handtuch und gießt mit einem Wasserschlauch die Blumen neben sich. Das Flugzeug fliegt so tief, dass Cahun nicht nur die Abzeichen auf den Maschinen erkennen kann, sondern sogar die Piloten selbst. Sie hat den Schlauch immer noch in der Hand, als die Bomber Saint Helier erreichen und ihre Munition abwerfen. Hinter den Bergen steigt Rauch auf, elf Menschen sind tot, viele schwer verletzt. Claude Cahun entscheidet, dass es an der Zeit ist, etwas zu tun. Der Gedanke, der ihr kommt, ist, wie gesagt, vollkommen verrückt. Entweder das – oder sie glaubt daran, dass in wirklich jedem Menschen etwas Gutes steckt.

Claude Cahun weiß, was für eine starke Waffe die Sprache ist. Und Marcel Moore spricht fließend Deutsch. Was, wenn es gelänge, an den Durchhalteparolen und der Propaganda der Deutschen Zweifel zu säen? Was, wenn es deutsche Soldaten gäbe, die ihre Zweifel mit den anderen Soldaten teilen würden? In einem Leben, das von Widerstand geprägt ist, scheint es beiden nur logisch, auch diesen Widerstand aus dem Weg zu räumen. Der Nationalsozialismus ist Claude Cahun und Marcel

Alarm! ALARM!! ALARM!!!
– Warum ?
Weil unsere Herren die Offiziere, aus Furcht
hier wie bei Stalingrad, wie bei Tunis gefangen
zu werden, um ihre Luftflucht zu schützen
auf deine Leiche rechnen.
Alarm! ALARM!!
– Warum ?
Weil die Briten, die Amerikaner, die Kana-
-diere, bei Dünkirchen, bei Cherburg, bei St.
Nazaire anlanden werden, während ihre
übermächtige Kriegsmarine...
Alarm! ALARM!!
Du erträgst Manöver OHNE ENDE, Ent-
-behrungen, du härmst Dich um die Deinigen...
– Wozu?
So dass Du zum NACHDENKEN keine Zeit hast!
Alarm! ALARM!! ALARM!!!
– Warum ???
Das Gespenst: „Weil man Dich betrügen
möchte, wie man uns in 1914 - 1918
betrogen hat!"
September
This one was much longer, but I cant remember

UM DEN EINDRUCK ZU ERWECKEN, DASS VIELE HINTER DER AKTION STECKEN, VARIIERT CLAUDE CAHUN SCHRIFT-TYPEN UND TECHNIK DER PAMPHLETE

Moore so zuwider, dass sie bereit sind, das eigene Leben zu opfern. Denn dass das Unterfangen lebensgefährlich ist, ist ihnen durchaus bewusst. Vor allem Cahun ist besessen von der Idee, die Besatzer zu besiegen, die längst einen Teil von „La Rocquaise" beschlagnahmt und sich in den Wohnräumen breitgemacht haben. Doch anstatt sich den Deutschen offen in den Weg zu stellen, beginnen Cahun und Moore einen psychologischen Krieg mit Stift und Papier. Und in deutscher Sprache. Denn sie wollen die deutschen Soldaten auf der Insel zum Desertieren bringen.

Es beginnt eher per Zufall. Auf einem Spaziergang sammeln die Frauen leere Zigarettenpackungen, auf deren Oberfläche Cahun mit Bleistift, rotem und lilafarbenem Buntstift die Worte „Ohne Ende!" schreibt. Um den Eindruck zu erwecken, dass viele Personen hinter der Aktion stecken, variiert sie Schrifttypus und Technik von Packung zu Packung. Die beiden Worte faszinieren Cahun, weil sie die Aussichtslosigkeit von Hitlers Tun in den Fokus stellen. Der Krieg wird ohne Ende sein für jene, die daran mitwirken. Auch noch nach Ende der Kampfhandlungen. Später platzieren die beiden Frauen, gewandet in unauffällige Stiefel und Spazierhosen, die Packungen an den gleichen Stellen, an denen sie gefunden wurden.

So klein die Aktion ist, so nervös macht sie den Führungsstab der Wehrmacht. Wer schreibt solche Botschaften? Sollte es Verräter innerhalb der eigenen Reihen geben? Oder machen sich lokale Widerstandsgruppen über die Besatzer lustig? Schnell wird klar, dass die Tat kein Einzelfall ist. Offiziere finden Papiere in ihren Manteltaschen, Botschaften klemmen an den Scheibenwischern der Dienstwagen. Cahun und Moore haben sich inzwischen einen Namen für ihre persönliche Widerstandsgruppe ausgedacht: „Soldaten ohne Namen". „Nieder mit Hitler! Nieder mit dem nichtdeutschen Vampir, der das Blut unserer Jugend säuft! Nieder mit Krieg! Die Soldaten ohne Namen." ➢

Linke Seite **Einer der vielen Zettel, adressiert an die Besatzer.**
Oben links **Jubel auf Jersey am Tag der Befreiung. In der Menge, rechts vom Seemann, Claude Cahun, die Finger zu einem V gespreizt (unbekannter Fotograf).**
Oben rechts **Claude Cahun im Mai 1945 mit Naziabzeichen zwischen den Zähnen**

Während die Offiziere im Westflügel von „La Rocquaise“ Feste feiern, tippt Cahun im Ostflügel auf einer Schreibmaschine von Moore auf Deutsch übersetzte Botschaften auf hauchdünnes Papier. Sie verändert ständig den Druck auf die Schreibmaschinentastatur, wandelt Schriftbilder und Techniken, achtet sorgfältig auf Rechtschreibung. Nicht immer gelingt das. Einmal unterläuft ihr ein Fehler. Statt „Sieg?“ schreibt Cahun „Seig?“, manchmal verrutschen die Punkte auf den Umlauten. Auf manchen Zeichnungen erkennt man klar ein französisches Schriftbild. Auch einfache Cartoons bringen sie in Umlauf, etwa ein Bild, auf dem ein Matrose auf einem Schiff mit dem Namen „Das Reich“ um Hilfe ruft. Darunter ein Gedicht:

Ich glaube, die Wellen verschlingen / am Ende Schiffer und Kahn. / Das hat mit seinem Brüllen / der Adolf Hitler getan. Heine (Oberst?)“

Je schrecklicher der Krieg auf dem Festland wütet und je elender die Situation auf Jersey wird, umso aggressiver werden die Botschaften der „Soldaten ohne Namen“. Selbst vor Polizeiautos machen sie nicht mehr halt und schieben Botschaften an die Fenster der Wagen. „Die feigen Bürokraten der Polizei, die von Lügen und schändlicher Grausamkeit leben, werden von den Soldaten ohne Namen ausgelöscht.“ Abseits ihrer Aktivität bemühen sich Cahun und Moore um Unauffälligkeit. Sie gehen kaum aus und vermeiden den Kontakt zu den Einheimischen, von denen nicht wenige mit der Besatzungsmacht kooperieren, teils aus Hunger, teils aus Angst. Cahun verabscheut die Kollaborateure und hungert lieber, als sich dem Druck zu beugen.

HITLER führt uns …
GOEBBELS spricht für uns …
GOERING frisst für uns …
LEY trinkt für uns …
HIMMLER? Himmler mordet für uns …
Aber niemand stirbt für uns!

Auf Jersey hat der Widerstand immer noch kein Gesicht, aber das Personal um den Inselkommandanten sammelt akribisch Beweise. Während Moore und Cahun sich nur noch selten auf der Straße blicken lassen, häufen sich Gerüchte darüber, dass „Soldaten ohne Namen“ eher unter den Bewohnern Jerseys zu finden sind als unter den Deutschen. Dass es sich dabei um zwei Frauen handelt, von denen eine in ihren Fünfzigern ist und die andere bei schlechter Gesundheit, die mit subversiven Texten den Soldaten Mut zur Desertion machen wollen, ist nur eine Ahnung.

Das Glück verlässt die beiden am 25. Juli 1944. Zwei Kaufleute im Ort haben der Gestapo einen Tipp gegeben, am Abend desselben Tages klopft Gestapo-Kommandant Karl Lohse mit seinen Leuten an die Tür von „La Rocquaise“. Die Frauen haben schon lange damit gerechnet. Als Lohse fragt, ob sie wüssten, welche Strafe ihnen für diese schweren Verbrechen drohe, erwidert Moore süffisant: „Natürlich. Sie drohen uns jetzt an, uns zu Tode zu foltern.“ Sie habe, schreibt Cahun später, hinzugefügt: „Zu spät. Sie haben den Krieg längst verloren.“

Wie sich herausstellt, hatte die Gestapo bereits vier Jahre lang täglich Material gesammelt, allerdings ohne die Quelle ausmachen zu können. Jetzt, im Angesicht der Täterinnen, finden sie frische Traktate in Cahuns Handtasche, die denen aus dem Archiv gleichen, genügend Beweise für eine Anklage.

Claude Cahun und Marcel Moore wissen, dass ihre Tätigkeit lebensbedrohlich ist. Für den Fall einer Verhaftung tragen beide stets eine tödliche Dosis eines Betäubungsmittels bei sich – lieber tot sein, als deportiert werden. Auf dem Weg zum Gefängnis schlucken beide 20 Tabletten. Doch die Dosis erweist sich als zu schwach. Die beiden Frauen erwachen getrennt voneinander in Einzelzellen. Moore, die sich sicher ist, Cahun verloren zu haben, versucht kurze Zeit später erneut, sich das Leben zu nehmen, indem sie sich das Handgelenk aufschneidet.

Die beiden sehen sich erst am 16. November 1944 wieder, dem Tag des Tribunals. Cahun und Moore wissen längst, dass ihre Taten erfolgreich waren. „Unser Idealismus hat ihr zynisches Konzept der menschlichen Spezies übertroffen“, schreibt Cahun. „Wir haben spirituelle Waffen anstelle von Feuerwaffen benutzt.“ Am Ende des Verfahrens werden sie wegen „Propaganda mit dem Ziel der Unterminierung der Moral der deutschen Truppen“ zum Tod verurteilt, im Februar 1945 allerdings begnadigt.

Cahun und Moore bleiben bis zu Jerseys Befreiung am 8. Mai 1945 in Haft. Auf ihrem Weg nach draußen halten sie auf einem Platz, auf dem jemand einen Lautsprecher aufgestellt hat. Sie hören, wie Winston Churchills Stimme die Kapitulation Deutschlands verkündet. Ein Fotograf hat die Szene festgehalten. Man sieht eine jubelnde Menge und einen Matrosen, der auf den Schultern getragen wird. Dahinter ist Cahuns Gesicht zu sehen. Sie lächelt nicht.

Bis zu ihrem Tod nennt Claude Cahun ihr Anwesen nicht mehr „La Rocquaise“, sondern nur noch „Farm ohne Namen“. Im Lauf der zehn Monate, die sie in Haft verbrachte, durchsuchte die Gestapo mehrmals „La Rocquaise“, verwüstete Räume, zerstörte ihr Fotoarchiv, vernichtete ihre Bibliothek. Es ist ihr alles genommen, die Kunst, ihre Bücher, die Möbel, alles, was ihre Identität gezeigt hat.

Nach einem kurzen Aufenthalt in Paris stirbt Claude Cahun am 8. Dezember 1954 im Krankenhaus von Saint Helier an in der Haft erlittenen Gesundheitsschäden. Marcel Moore, von Arthritis und Einsamkeit gequält, folgt ihr am 19. Februar 1972 mithilfe einer Überdosis Barbiturate. Gemeinsam liegen sie auf dem Friedhof von Saint Brélade, in jener Ecke der Anlage, in die sich Claude Cahun stets zurückgezogen hat, um sich vom Wahnsinn der Welt zu erholen.

„Es ist das Wichtigste, dass wir uns unserer Grenzen bewusst werden und dass wir die Zerbrechlichkeit unserer Freiheit begreifen, unserer Integrität. Was werden wir dafür tun?“

Susanne Frömel, Jahrgang 1974, Autorin in Berlin, war für mare nicht zum ersten Mal auf den Kanalinseln. Nach Alderney (mare No. 69) und Guernsey (No. 72) war sie nun auf Jersey und kann sich nicht entscheiden, welche Insel sie schöner findet.

Einzigartig gleich

Wir alle streben nach Besonderheit und Unverwechselbarkeit. Aber zugleich zieht es uns im Urlaub an massenhaft belebte Meeresstrände. Denn hier können wir uns erholen von dem Inszenierungszwang

Von Larissa Kikol

Wir leben in einer Zeit des Massentourismus, der alltäglichen EasyJetter und des Erasmus-Europas. Für 19,99 Euro kann man von Deutschland an den Strand in Spanien fliegen. Das Reisen an sonnige Küsten erscheint längst billiger als ein Restaurantbesuch zu Hause. Der Massenkonsum, zu dem auch der Massentourismus zählt, ist ein essenzieller Teil unserer Gesellschaft.

Ikonenhafte Bilder dieser Entwicklung erschuf Martin Parr. Der britische Fotograf ist bekannt für seine Werke, auf denen er Einheimische und Touristen an überfüllten Meeresstränden, aber auch vor Touristenattraktionen, in Innenstädten und Museen porträtiert. Kaum ein anderer schafft es wie Parr, die Absurdität des Einzelnen in der Masse so tiefgründig, so surreal und humorvoll abzulichten.

Parallel zur Massengesellschaft entsteht zugleich aber auch ein dem entgegengesetzt scheinendes Phänomen, nämlich das soziokulturelle Credo des Bestrebens nach Individualität. Denn dieses Jahrzehnt gipfelt eben auch im Inszenierungswahn des Ich-Menschen, der Authentizität, Besonderheit und Unterscheidbarkeit in sich selbst sucht – dargestellt nicht zuletzt durch die Profile in sozialen Netzwerken, die Selfiekultur und eine wie auch immer geartete „kreative" Lebensgestaltung. Und natürlich drückt sich die Ich-Inszenierung auch im Reiseverhalten aus.

Dieses Zeitgeistphänomen untersucht vor allem der Soziologe Andreas Reckwitz, einer der führenden deutschen Gesellschaftsforscher. Sein Buch „Die Gesellschaft der Singularitäten" untersucht scharfsinnig die progressive Erhöhung von Individualisierung hin zur Singularisierung während der letzten Jahre. Er stellt fest: „Singularisierung meint aber mehr als Selbstständigkeit und Selbstoptimierung. Zentral ist ihr das komplizierte Streben nach Einzigartigkeit und Außergewöhnlichkeit, die zu erreichen freilich nicht nur subjektiver Wunsch, sondern paradoxe gesellschaftliche Erwartung geworden ist."

Reckwitz spricht von einem „kuratierten Leben" anstelle eines einfach gelebten. Es herrscht ein Kampf um Sichtbarkeit, vor allem in den Arenen der sozialen Medien. Singularität bedeutet aber nicht Einsamkeit. Im Gegenteil, das besondere Subjekt braucht den Applaus, die Likes und die Aufmerksamkeit der anderen, um sich als positiv different und singulär bestätigt zu fühlen. Die „sozialen Praktiken des Wahrnehmens, des Bewertens" seien unabdingbar mit der Profilierung von (scheinbar) authentischer Einzigartigkeit verbunden.

Somit fungieren die sozialen Netzwerke auch als wichtige „Infrastruktur" der singularisierten Gesellschaft. Nebenbei bemerkt: Zu Schaden kommt in dieser Entwicklung die nicht akademisierte Arbeiterklasse, die sich durch finanzielle und soziale Einschränkungen in ihrer Lebensweise weniger originell inszenieren kann und somit das Los des gesellschaftlichen Verlierers ziehen musste.

Die anderen, das heißt für Reckwitz die breite, akademisierte Mittelschicht, greifen auf kuratierbare Elemente ihres Lebensstils zurück, um das Prestige ihrer Unterscheidbarkeit zu erhöhen. Diese seien in großem Maß das Wohnen, das Essen, der Körper, die Erziehung und die (Schul-)Bildung sowie das Reisen. Letzterer Aspekt sei eine „zentrale und identitätsstiftende Beschäftigung des Subjekts der neuen Mittelklasse".

Man wolle kein Pauschaltourist mehr sein, sondern ein authentischer Kulturentdecker, der globalisiert sei, Geheimtipps kennt und originelle Orte aufsucht. Dies schließe aber nicht aus, dass zwischendurch auch standardisierte Touristenattraktionen besucht werden. Der Zweck des Reisens sei es demnach, sein kulturelles Kapital zu vermehren, welches das besondere Ich auszeichnet.

Der Strandbesuch bleibt das beliebteste Must-do der Reisenden, egal ob Massentourist in einem Pauschalhotel oder Alternativentdecker. Ausgenommen den kleinen Prozentteil der Privatstrandbesitzer, treffen auf dem Sand fast alle aufeinander.

Auch wenn man Reckwitz' Analysen in ihrer ausführlichen Gesamtheit zustimmen muss, scheint hier eine Ausnahme zu liegen. Denn die Strandsituation birgt fast unausweichliche, natürliche Gegebenheiten, die die Verhaltens- und Inszenierungsmöglichkeiten des Einzelnen einschränken beziehungsweise angleichen.

Aber wie verhalten sich Reckwitz' Theorien nun gegenüber den Fotografien von Martin Parr? Anders gefragt: Was passiert, wenn das besonders originelle Ich-Profil an den Strand geht?

Martin Parr porträtierte zahllose Menschen am Strand. Unter anderem in seinem 2013 erschienenen Fotobuch „Life's a Beach" zeigt er, wie sie sich dort für ihren temporären Aufenthalt einrichten und versuchen, mit den Gegebenheiten klarzukommen. Zwischen 1985 und 2012 reiste er durch Südamerika, Europa, China und Thailand, um das Verhalten von Strandbesuchern zu untersuchen und zu dokumentieren. Bei schneller Durchsicht fällt zuerst auf, dass außer einigen modischen Trends sich in 27 Jahren nichts Essenzielles verändert zu haben scheint – die natürlichen Gegebenheiten dominieren das Verhalten.

Der Strand zählt zu den letzten Stätten, an denen Naturkräfte auf gleiche Weise eine Masse an Individuen erreichen, um sie zu entindividualisieren, sie zu ähnlich ausgelieferten Menschen unter vielen zu machen.

Gemeint ist hier die sommerliche Hitze, der heiße Sand, die Gefahr eines Sonnenbrands und die minimalisierte Textilauswahl, die sich weitgehend auf Badekleidung, Handtuch und leichte Überwürfe zum Schutz vor der Sonne beschränkt. Übliche Accessoires sind Sonnenbrillen, Kopfbedeckungen, Flip-Flops, Zeitschriften und Bücher, Kopfhörer, Getränke und Lebensmittel, gegebenenfalls Strand- und Wasserspielzeug. Das Strandmobiliar beläuft sich meistens auf Sonnenschirme, Stühle und Liegen.

Auch die Tätigkeiten sind über die fast drei Jahrzehnte ähnlich geblieben: Um den gewünschten Bräunungsgrad ohne Verbrennungen zu erreichen, muss gecremt, gedreht, abgedeckt und geschützt werden. Der Gang mit nackten Füßen über den heißen Sand kann brennen. Man hat Durst und Hunger. Die Hitze kann schläfrig machen, man sucht die Erfrischung im Wasser. Falls eigene Kinder anwesend sind, passt man auf sie auf und beschäftigt sie. Die Sonne blendet. Jeder schwitzt.

Die Strandkulisse, in der sich alle anderen auch befinden, kann durch Bildausschnitte nicht maßgeblich verändert werden. Am Strand herrschen grundlegende Gegebenheiten, die sich nicht leicht personalisieren und singularisieren lassen. Ein auffälliges buntes Handtuch, eine Designersonnenbrille oder eine violette Biolimonade für Kreative fallen in der Kulisse nicht auf. Sportliche und unsportliche Körper gibt es viele. Alle Farben, Formen und Individuen schmelzen wortwörtlich im heißen Sommerlicht.

Mehr Optionen sind kaum vorhanden, um sich abzuheben. Sein kulturelles Kapital kann man hier ebenfalls kaum auffüllen; im Vergleich zu Bereichen wie Architektur, dörfliches oder urbanes Straßenleben, Wohnsituationen, Vegetation, Gastronomie oder spirituelle Orte erfährt man am Badestrand die wenigsten kulturellen Besonderheiten.

Martin Parrs Bilder zeigen Menschen mit Schmuck und frisierten Haaren, Frauen, die sich am Meer fotografieren lassen, Sportler, Lesende, Schlafende, Essende, Schwimmende und Nackte. Doch ganz gleich, wie ihre Tätigkeiten, ihre Bodys und mitgebrachten Accessoires auch aussehen: Eine autonome Inszenierung gelingt ihnen nicht. Die physikalischen Bedingungen, die auf den Körper einwirken, sind stärker als die individuellen Inszenierungsoptionen.

Eine Aufnahme aus dem Jahr 2007 zeigt zwei Menschen beim Duschen an einem Strand in Brasilien: eine durchtrainierte Frau in knappem, rotem Blümchenbikini und großen Ohrringen und ein Mann mit grauem Bart, schwarzer Badehose und einem auffällig großen Bauch. Beide haben die Augen geschlossen, fassen sich mit einer Hand an den Kopf und scheinen die Abkühlung zu genießen. Man weiß weder, ob sie sich kennen, noch, aus welchem sozialen Milieu sie stammen, wie sie reisen oder leben. Der Mann kann ein Installateur oder ein angesagter Crossover-Koch sein, die Frau eine Museumskuratorin oder arbeitslos. Vielleicht sind sie verheiratet, vielleicht leben sie extrem unterschiedlich.

Ironisch werden Parrs Bilder durch die Details wie eine zu enge Badehose im Stars-and-Stripes-Design, ein grellroter Lippenstift in einem verschwitzten, übergebräunten Gesicht, ein offener Mund bei Schlafenden oder durch ungemütliche Posen, mit denen Menschen versuchen, sich beim Lesen mit dem Buch vor der Sonne zu schützen. Was Parr dokumentiert, sind keine singulären Ichs, sondern durchtrainierte und übergewichtige, junge und alte Menschen, die eine Masse bilden. Durch seinen Fokus fallen sie darin nicht individuell auf, sondern surreal menschlich, weil sie den Naturkräften ausgeliefert sind und mit oft albern wirkenden Mitteln versuchen, sich der Strandsituation anzupassen. Das im normalen Leben erschaffene authentische, das besondere Profil wird von der Sonne ausgeblichen und von Wellen weggespült.

Deshalb wird der Strandbesuch auch in Zeiten einer „Gesellschaft der Singularitäten" nicht weniger attraktiv. Im Gegenteil, seine Zwecke verstärken sich sogar: Am Strand erholt man sich nicht mehr nur vom Alltag. Er offenbart sich auch als ein Ort, an dem man von seinem kuratierten Ich-Spektrum und dem gesellschaftlichen Inszenierungszwang der kreativen Andersartigkeit pausieren kann. Der Strand zählt zu den letzten Stätten, an denen Naturkräfte auf gleiche Weise eine Masse an Individuen erreichen, um sie zu entindividualisieren, sie zu ähnlich ausgelieferten Menschen unter vielen zu machen. Der Mensch am Strand unterscheidet sich, aber er ist nichts Besonderes. Er schwitzt seine Einzigartigkeit buchstäblich aus jeder Pore aus.

Larissa Kikol, geboren 1986, ist promovierte Kunstwissenschaftlerin, Autorin und Kunstkritikerin. Sie schreibt unter anderem für die „Zeit" und das Kunstmagazin „Art". Kikol forscht zur Naturrezeption in der Kultur- und Kunstgeschichte, außerdem beschäftigt sie sich mit Bildern des Meeres in Literatur, Werbung, Kunst und Medien. Zu ihrem Bedauern wuchs sie nicht am Meer auf, „aber wenigstens in der Nähe eines Wellenbads".

TYPOWY
CI MARZENIE

Text: Peter Haffner   Fotos: Joakim Eskildsen

Dreimal hat Aleksander Doba im Kajak den Atlantik durchpaddelt, das erste Mal mit 65, das letzte Mal mit 70. Was nun?

OLEK SUCHT SEIN GLÜCK

Auch ein Abenteurer macht Homeoffice: Wenn Aleksander Doba nicht paddelt, hält er Vorträge über seine Reisen

Seine Frau drohte ihm mit Scheidung, als er es ihr sagte. Drei Jahre hatte er Pläne geschmiedet für ein Kajak, hatte einen Schiffbauer gefunden, der es herstellte, und dann erst ihr gesagt, was er damit wollte. Über den Atlantik paddeln, von Kontinent zu Kontinent, als erster Kajaker der Geschichte der Seefahrt.

Er war 65 Jahre alt und konnte nicht verstehen, warum Gabriela ihn für verrückt hielt. Aleksander Doba, so sieht er sich selbst, ist die Vernunft in Person. Er hat gewartet, bis die beiden Söhne aus den Kinderschuhen heraus sind und nicht vaterlos aufwachsen, falls etwas passiert. „Je älter, desto kleiner doch der Verlust", sagt er.

Sechsmal ist der Atlantik von Kajakern durchfahren worden – von zwei Deutschen, einem Engländer und dreimal von Aleksander Doba, dem Polen, der ihn als Einziger überquert hat und nicht die Küsten entlang von Insel zu Insel gepaddelt ist. Olek, wie er gerufen wird, ist stämmig gebaut. Die Arme kräftig, die Hände Schaufeln, ein Mann zum Bäumeausreißen noch immer. Um Kopf und Kinn wuchern Bart und Haar, die blauen Augen unter buschigen Brauen – so muss Odysseus nach zehnjähriger Irrfahrt ausgesehen haben. Die Natur gab dem 73-Jährigen den Körper, die Strapazen zu überleben. Ein Kajak, das Stürme mit Zehn-Meter-Wellen überstehen würde, gab es nicht. Unsinkbar müsste es sein, mit einer Kajüte zum Schlafen und groß genug, Vorräte für ein halbes Jahr zu laden, überlegte sich Doba, ein Maschinenbauingenieur in Rente.

Andrzej Armiński, ein Segler, der die Weltmeere befahren hat, baute das Kajak in seiner Werft für Ozeanyachten in Szczecin. Robust, mit Stabilisatoren, die das Kentern verhindern, und nicht zu mühsam zum Paddeln: Sieben Meter lang, mit Volllast 700 Kilogramm schwer, ist die „Olo" zwar nicht flink, aber hochseetauglich.

Als er zur ersten Atlantiküberquerung aufbrach und am Berliner Flughafen feststellte, dass er wichtige Papiere vergessen hatte, bat er seine Frau, sie ihm zu schicken. Gabi hatte alles versucht, sein Vorhaben zu vereiteln. Jetzt, da er sie brauchte, half sie. Dobas Abenteuer war nicht nur ein Test, was er und das Kajak aushalten würden. „Getestet wurde auch", sagt er, „wie stark unsere Liebe ist."

Er hatte alles gelesen, was er über Winde, Wetter und Strömungen wissen musste. Er hatte mit Seglern gesprochen, hatte sie ausgequetscht, wie Wellen bei Sturm aussehen, was ein Schiff zum Kentern bringt. Er würde Seeanker brauchen, fallschirmartige Dinger, die mit einer Leine am Heck befestigt sind und tief unter Wasser das Kajak gegen den Wind und quer zu den Wellen halten.

Die erste Überquerung war die kürzeste, und sie war einfacher als die zwei späteren. Er startete am 26. Oktober 2010 in Dakar, Senegal, und erreichte nach 98 Tagen, am 2. Februar 2011, den Strand von Acaraú in Brasilien. Einige tropische Stürme, die Wellen mehr als sieben Meter hoch, hatte er überlebt. Er war zufrieden mit sich und seinem Gefährt. „Die Kajüte war gemütlich", sagt er. „Etwas größer als ein Sarg."

Aleksander Doba sitzt am Esstisch der Zweieinhalbzimmerwohnung des Mietblocks in Police bei Szczecin, wo das Ehepaar lebt. Trophäen, Ehrungen und Familienfotos schmücken den Raum. Im Regal stehen Atlanten, Segelhandbücher und Reiseführer. Immer wieder redet er von der Neugier, die ihn antreibt, die Welt zu erkunden, an seine Grenzen zu gehen. Nahe dem Haus in Swarzędz, der Kleinstadt, wo er aufwuchs, gab es einen Weiher mit einem Wald, wo er mit seinem Vater Pilze sammelte. Dahinter war ein Segelflugplatz, und der Junge träumte den Fliegern nach und davon, einmal selbst in einem zu sitzen.

Doba auf dem polnischen Fluss Brda. Einmal ist er von seinem Heimatort Police über den Polarkreis bis nach Narvik gepaddelt, 5369 Kilometer in 101 Tagen

Mit 15 machte er seine erste Fahrradtour, radelte allein in 30 Tagen von Poznań bis Szczecin und von da die Küste entlang bis zur russischen Grenze. „Ich bin meinen Eltern dankbar, dass sie meine Neugier angeregt haben", sagt er. „Sie wollten, dass ich die Welt kennenlerne."

Er lernte Segelfliegen, sprang Fallschirm und fing mit 34 an, Kajak zu fahren. Zehn Jahre später gewann er, als ältester Teilnehmer, die Akademischen Meisterschaften. Er paddelte in den Seen der Masuren, den Wildwassern der polnischen Berge und im Baltischen Meer, wo es strengstens verboten war. Als die Grenzwache ihn erwischte, redete er sich heraus, er sei bloß den Fluss hinuntergepaddelt und wisse nicht, wie er hier gelandet sei. Kaum waren nach dem Fall des Eisernen Vorhangs 1989 die Grenzen offen, paddelte er rund um das Baltische Meer und dann von Police über den Polarkreis bis nach Narvik, 5369 Kilometer in 101 Tagen. „Wenn ich an einen Ort denke, wo ich noch nicht war", sagt Doba, „frage ich mich: Was hindert mich, hinzugehen?"

Alles, sagt er, sei eine Frage der Vorbereitung. Die Szenarien durchspielen, sich überlegen, was passieren könnte, sei schon ein Abenteuer für sich. Jahrelang bereitete er sich jeweils vor, traf Maßnahmen, damit nichts schiefläuft. Und dann, bei der zweiten Überquerung 2013, lief einiges schief. Er hatte in Lissabon 250 Liter Frischwasser getankt, war am 5. Oktober gestartet, hatte Florida angepeilt und blieb im Bermudadreieck stecken, sechs Wochen blockiert von Wind und Strömungen, die jedes Vorankommen unmöglich machten. Dann ging das Satellitentelefon nicht mehr, und er musste via Spot-Tracker einen Hilferuf schicken. Ein griechisches Schiff kam zur Rettung, doch Doba wollte nicht gerettet werden, sondern das Telefon repariert haben, und wünschte die „Nissos Delos" zum Teufel, als sie ein drittes Mal versuchte, ihn an Bord zu hieven. Nach 47 Tagen funktionierte das Telefon wieder. Es war vergessen worden, die Kreditkarte des Prepaid-abonnements aufzuladen.

Zwei Wochen später beschädigte ein Sturm das Steuerruder. Sein Freund in Amerika, Piotr Chmieliński, flog nach Bermuda, um sich mit ihm zu treffen, und organisierte die Reparatur. Angekommen auf der Insel, hatte Doba Gleichgewichtsstörungen, taumelte auf die Beamtinnen der Passkontrolle zu wie ein Betrunkener und sagte, er habe weder Waffen noch Drogen und keinen Alkohol mehr. Ende März konnte er zurück in den Atlantik. Das Wetter war so schlecht, dass er kaum einen Kapitän fand, der ihn da absetzte, wo er die Fahrt abgebrochen hatte. Er war 27 Tage von Florida entfernt, überstand drei heftige Stürme und hielt, was er sich selbst versprochen hatte: „Meinen Fuß auf den Sandstrand zu setzen, den New Smyrna Beach."

Das war am 17. April 2014, nach 167 Tagen. Es war seine längste Reise, und er war noch einmal davongekommen. Er hatte an Franz Romer gedacht, den Deutschen, der als Erster von den Kanarischen Inseln mit Ziel New York über den Atlantik paddelte und im Bermudadreieck in einem Sturm verschollen ist. Wie viel einfacher als Romer er es doch hatte, dachte er, mit seinem modernen Kajak aus Karbon, Epoxidharz und Schaumstoff, den Kommunikationsmöglichkeiten mit Telefon und Spot-Tracker.

Schulkinder, die immer nach Haien fragen, erzählt er von seinen friedlichen Begegnungen mit den Raubfischen. Wie der, als er einen leichten Schubs spürte und den über zwei Meter langen Hai erblickte, der langsam nebenherschwamm; der Kopf spitz, die Zähne spitz, ein schwarzes Auge, das ihn unverwandt ansah. Er strich mit der Hand leicht über die Flosse; er

Aleksander Doba und seine Frau Gabriela in ihrer Wohnung in Police. Sie haben zwei Söhne und zwei Enkelkinder

wusste, dass es eine Haifrau war, sagt er, er könne das an den Augen erkennen. Als sie davonschwamm, war er traurig. „Wäre ich ein Haifisch, hätte ich mich in sie verliebt."

Die gefährlichsten Tiere waren Fliegende Fische, die ihm nachts beim Paddeln mit 90 Kilometern in der Stunde entgegenschossen, jeder Treffer ein Fausthieb. „Da ich keine Schutzbrille hatte, hätte das leicht ins Auge gehen können", sagt er.

Er mochte es, wenn Vögel ihn begleiteten. Albatrosse, die ohne Flügelschlag im Wind segeln, Weißschwanz-Tropikvögel, die in der Luft stehen, und die kleinen Fregattvögel, die in die Kajüte kamen, um sich zu wärmen. Sie kackten alles voll, er machte sauber und freute sich auf die nächste Schar im Vogelhotel. „Einmal streckte ich den Zeigefinger aus", sagt er, „und einer landete und putzte sein Gefieder."

30 000 Paddelschläge am Tag, nie mehr als drei Stunden Schlaf am Stück, und halb so schnell vorankommen wie ein Fußgänger: Die Eintönigkeit sei eine Art der Verblödung oder *katorga*, sagt Doba, der polnische Ausdruck für Zwangsarbeit in Sibirien. Mit Fischen und Vögeln führte er Gespräche, sang Lieder für sie, aus Lust und um seine Stimme zu brauchen, die wie die ungebrauchte Beinmuskulatur zu verkümmern drohte. Mit sich selbst redete er nur, wenn er auf sich wütend war. „Pass auf dich auf, Olek, du kriegst noch einen Hitzschlag, und hier gibt es niemanden, der dir hilft", schimpfte er, als er trotz brennender Sonne zu paddeln versuchte.

Mit dem sachlichen Blick des Ingenieurs beurteilt er die Funktionstüchtigkeit von Kopf und Körper und Kajak. Man könnte meinen, es gehe ihm vor allem darum, wären da nicht die beglückenden Begegnungen mit dem fremden Leben in der endlosen Wüste aus Wasser. Die Meeresschildkröten, denen er sanft an den Panzer pochte; die Delfine, die herumtollten und das Meer aufrührten; das Plankton, das nachts grün leuchtete und mit jedem Paddelschlag eine Lichterkette ins Schwarz des Meeres zauberte. Und dann jener Moment, als er spürte, dass er beobachtet wird. Er wandte sich um und sah einen Pottwal, der neben ihn glitt, fast dreimal so lang wie das Kajak, das Auge auf ihn gerichtet. Doba verstummt, die Worte fehlen ihm. „Wir haben einander angeschaut, eine ganze Weile", sagt er endlich. „Und dann ist er getaucht."

„Ich war allein, aber nie einsam", fügt er bei. Mit Familie und Freunden wechselte er SMS, erfuhr, was alles in Police und der Welt passierte, und alle zehn Minuten schickte der Spot-Tracker seinen Standort in den Äther, sodass man immer wusste, wo er war. Als er den Äquator überquerte, bei der dritten Reise, entkorkte er eine Flasche Wein und feierte mit zahlreichen Gästen, die er alle in seinem Kopf versammelte. Er leerte die halbe Flasche, obwohl er bloß eine für jeden Monat gebunkert hatte. „Da Geister nicht trinken können, hatte ich alles für mich", sagt er. „Das war das Gute daran."

Doba hatte von Anfang an vorgehabt, den Atlantik auf drei Routen zu überqueren, im Süden, in der Mitte und im Norden. Als er die dritte Reise plante, gab es einen Aufruhr. Andrzej Armiński weigerte sich, ihm das Kajak herauszugeben, das in seiner Werft aufgebockt war. Es sei nicht gemacht für den rauen Nordatlantik, werde den Stürmen, dem Wind und den Wellen nicht standhalten, sagte er. Man könne kein Kajak bauen, das in solch schwerer See nicht kentern würde.

„Ich helfe dir nicht zu sterben", sagte Armiński und redete auch auf Dobas Frau ein, aber Gabriela hatte den Versuch längst aufgegeben, ihrem Mann etwas auszureden. „Was machst du, wenn du mitten im Atlantik eine Krise hast, und das nächste Land ist der Grund des Ozeans?", hatte sie ihn gefragt vor der ersten Fahrt. Es werde keine Krise geben, hatte

Flusswanderer Olek Doba sucht kein ozeanisches Abenteuer mehr. „Ich habe meinen Traum wahr gemacht", sagt er. „Und ich habe mein Leben gern"

er geantwortet. Sie stürzte sich in die Arbeit, an der es ihr als Chefin des Sozialamts nicht mangelte. Sie wollte sich nicht von Sorgen verzehren lassen.

Doba war mittlerweile ein Nationalheld Polens. Segler und Kajaker, Fachleute und Fans drängten ihn, von der Torheit abzusehen. Er schimpfte, man solle ihn in Ruhe lassen, er sei bestens vorbereitet, fühle sich sicher. Er flog nach New York und paddelte am 16. Mai 2017 aus der Barnegat Bay in New Jersey los in Richtung Frankreich.

Diesmal verlief die Reise in umgekehrter Richtung, von West nach Ost, und einiges ging schief. Die erste Krise kündigte sich per SMS an. In fünf Tagen starker Sturm, Wind um die 70 Knoten; ob er sich nicht evakuieren lassen wolle, schrieb Gabi, ein nahes Schiff würde ihn auffischen. Er wollte das auf keinen Fall. Er hätte das Kajak zurücklassen müssen, und was war er, Olek, ohne „Olo", sein Gefährt? Wenn es auch in Stücke bricht, wird es doch nicht sinken, sagte er sich. Angst habe er keine gehabt, meint er und bleibt eine Weile still, als ob das, was sich damals nicht zeigte, ihn nun einholt. „Mir war klar, dass ich möglicherweise nicht zurückkehren würde", sagt er schließlich. „Aber die Neugier überwog."

Die Wogen wuchteten sein Kajak hoch, brachten es auf dem Kamm zum Tanzen, jagten es hinunter in die Tiefe. Dann riss die Leine des Seeankers, und es war nur eine Frage der Zeit, bis eine brechende Welle das Kajak überrollen und Tonnen von Wasser es zerschmettern würden. Als das Ruder brach und ohne Schweißbrenner nicht zu reparieren war, wusste er nicht weiter. Tagelang trieb er steuerlos dahin. Er alarmierte erneut Piotr Chmieliński und ließ sich von einem Frachter aufnehmen, wo das Ruder geschweißt wurde. Widerwillig setzte der Kapitän der „Baltic Light" hernach den geschundenen, übermüdeten damals 70-Jährigen, der darauf bestand, ab ins kalte Wasser. Doba war niedergeschlagen, dass er Hilfe hatte annehmen müssen, ging auf einen „Signalstreik" und schaltete Satellitentelefon und Spot-Tracker aus.

Am 3. September 2017, nach 111 Tagen, kam er im Hafen von Le Conquet in Frankreich an, abgemagert, den Körper voller Salzwassergeschwüre, die Augen entzündet, die Hände aufgedunsen, Finger- und Zehennägel weggeschält. Er war stolz und glücklich, es war sechs Tage vor seinem 71. Geburtstag. „Als erster und einziger Kajaker", sagt er, „habe ich einen Sturm von zehn Beaufort überlebt, mit Wellen so hoch wie ein dreistöckiges Haus."

Nun hat er sein Plansoll erfüllt und sucht kein ozeanisches Abenteuer mehr. Gern geht er Kajak fahren in den Flüssen und Gewässern Polens, mit Gabi, den Söhnen Bartek und Czesiek, oder allein mit den beiden Enkelinnen Ola und Agatka. Er weiß, was er geleistet hat, und deshalb ärgert er sich, wenn man von ihm sagt, er habe den Atlantik besiegt. Das Wasser sei ein Element, zitiert er den Polarforscher Ernest Shackleton, das man nicht besiegen, nur überleben könne.

Er weiß auch, dass alles hätte anders kommen können, und gibt es zu spüren in dem, was er nicht sagt. Auf der letzten Fahrt muss er etwas gesehen haben, das er für sich behalten will. Den Tod, der auf seine Ernte wartet, eine Mahnung, das Glück nicht zu versuchen. „Ich habe meinen Traum wahr gemacht", sagt er nur. „Und ich habe mein Leben gern."

Peter Haffner, Jahrgang 1953, freier Autor in Berlin und Zürich, hat nur an den stillen, auch von Haien geschätzten Küsten Nordkaliforniens gepaddelt.
Joakim Eskildsen, geboren 1971, lebt bei Berlin. Der vielfach ausgezeichnete dänische Fotograf wird vertreten durch die Agentur Institute.

KÄPT'N FLIEWATÜÜT

Kapitän Krämer war ein Mann der zwei Gesichter. Containerschiffe steuerte er locker durch die Karibik, aber in der Luft bekam er Panik. Wie er seine Flugangst überwand? Er wurde Pilot

Text: Marc Bielefeld   Fotos: Nicole Strasser

SCHON BEIM EINSTEIGEN WURDE FRANK ROLF Krämer immer kreideweiß. Zittrig saß er im Flugzeug und bangte dem Start entgegen. Passagiere neben ihm, die auf dem Flug über den Atlanik ein wenig mit Krämer ins Plaudern kamen, konnten nicht glauben, dass da ein Hochseekapitän neben ihnen saß. Ein Nautiker, dessen Job es war, Containerschiffe durch die Karibik zu steuern, vorbei an tückischen Riffen und hinein in die herben Häfen von Honduras, Haiti, Jamaika. So einer und Angst? Das konnte doch nicht wahr sein.

Aber so war es. Frank Rolf Krämer, damals 34 Jahre alt, musste oft zu seinen Einsatzhäfen fliegen. Und jedes Mal saß er in der Maschine wie ein Häufchen Elend. Bleich, den kalten Schweiß auf der Stirn. Der Kapitän mit dem Patent zur Großen Fahrt litt unter extremer Flugangst.

Krämer kommt aus Görlitz, wuchs in der DDR auf. Nach Abschluß der zehnten Klasse begann Krämer eine Lehre zum Vollmatrosen der Handelsschifffahrt. Nach der Wende ging er nach Hamburg, wurde Offizier und fuhr auf Containerschiffen. Bis er schließlich sein Großes Patent in Händen hielt. Eine Schweizer Reederei schickte ihn in die Karibik, wo er bald als Kapitän fuhr. Dann geschah es. Krämer flog wieder einmal zu einer Ablösung nach Jamaika, als die Maschine schon in der letzten Phase des Landeanflugs war – und plötzlich durchstarten musste. „Da muss sich irgendein Schalter in meinem Hirn umgelegt haben", sagt er. „Danach hatte ich Flugangst und wurde sie nicht mehr los." Bis er sich, nicht nur deswegen, einen anderen Job suchte. Noch heute arbeitet Krämer als Hafenlotse in Bremerhaven, auf der Weser vor seiner Haustür.

Doch bekanntlich gibt es Wunder. An einem Montagnachmittag im letzten Herbst steht Krämer, heute 54, vor einem Hangar des Flugplatzes Nordholz südlich von Cuxhaven und zieht einen Tragschrauber vom Typ MT-03 aus der Halle. Das Gefährt sieht aus wie eine Kreuzung aus Helikopter und Fliewatüüt. Eine fliegende Seifenkiste mit offenem Cockpit und zwei großen Rotorblättern. Das Vehikel ist rot, hat 98 PS und 8,40 Meter Rotorspannweite, es hebt nach 30 Metern ab, kann 130 Stundenkilometer schnell fliegen und mehrere Stunden in der Luft bleiben. Dann steigt Krämer hinein, setzt sich den Helm auf, legt einige Schalter um, meldet sich über Funk am Tower, rollt auf die Startbahn, gibt Schub – und fliegt davon in Richtung Nordsee. Ganz allein.

Inzwischen nämlich ist Frank Rolf Krämer Flugkapitän. Vom Panikpassagier zum lizenzierten Piloten: Wie kann das sein?

Lange hatte Krämer kein Flugzeug mehr bestiegen, als er 2006 einen Bericht im Fernsehen sah. Der Film zeigte einen Tragschrauber, auch Gyrokopter genannt. Jenes Vehikel, das aussieht wie eine Mixtur aus Libelle und Gokart, dessen Rotor sich allein durch den Fahrtwind dreht, das kaum abstürzen kann und als besonders sicher gilt.

Krämer sah das kleine Fluggerät, das da durch die Luft sauste, während die Haare der beiden Insassen im Wind flatterten und sie die Wolken mit ihren Händen hätten streifen können. Krämer fackelte nicht lange, nahm sich ein Herz. Drei Tage später hob er in Hildesheim zu einem Probeflug ab, bis der Pilot in 400 Meter Höhe zu ihm sagte, er solle jetzt einmal selbst den Steuerknüppel übernehmen. „Wie irre war das denn?", erinnert sich Krämer an jene Sekunden. Doch dann steuerte er selbst. Erst behutsam, dann beherzter. Der Tragschrauber gehorchte, Nase hoch, Nase runter, bald wagte Krämer eine erste vorsichtige Kurve. War begeistert. Und frei von Angst. Prompt absolvierte er einen Kurs, 60 Theoriestunden in einer Woche, jede Menge Fliegen, Starts und Landungen. Bis er seine Lizenz zum Fliegen hatte – und sich sogleich einen eigenen Tragschrauber kaufte. Freunde, Familie und Kollegen waren baff. Krämer, der Überflieger.

„Die Seefahrt", sagt Krämer, „hat am Ende viel mit der Fliegerei gemeinsam." Es geht um Natur und Wetter, um Navigation und Technik. Und bei beidem wagt sich der Mensch in ein Element, für das er prinzipiell nicht geschaffen ist. Aufs Wasser, in die Luft. Die Urängste, die uns begleiten, dürften dabei ziemlich ähnlich sein. Die Angst vor der Höhe und dem Sturz einerseits, die Panik vor der Tiefe und dem Ertrinken andererseits. Entscheidend, weiß Krämer heute, sei dabei vor allem, wie man der Angst begegne. „Am besten mit Wissen und Vertrauen, mit Kontrolle und Verantwortung."

Auf dem Meer war er schon in böse Stürme geraten. In der Biskaya und vor Kap Hoorn, als das Schiff mit 50 Grad Schräglage durch die haushohen Wellen peitschte. Angst jedoch, sagt Krämer, habe er dabei nie gehabt. Die Ladeverteilung hatte er persönlich berechnet, alles selbst kontrolliert. Er kannte das Schiff, stand auf der Brücke. Krämer war der Kapitän und hatte das Ruder in der Hand. Im Flugzeug aber saß er immer hinten, ohne Kontrolle, ohne agieren zu können – und ohne diese Maschine, die ihn durch den Himmel trug, so richtig zu kennen.

Frank Rolf Krämer fliegt mit seinem Tragschrauber nach Berlin und Dänemark oder übers Wattenmeer. „Herrlich", sagt er

So hatte ihn letztlich vielleicht weniger die Angst vor dem Fliegen überwältigt als vielmehr die Angst, es nicht selbst tun zu können. Krämer, der zum Erdulden Verurteilte. Krämer, der Passagier. Wenn er heute ein großes Flugzeug besteigt, reist nur noch ein Unbehagen mit. Ein komisches Gefühl im Bauch, wenn er hinten sitzt und nicht im Cockpit und die Maschine in 10 000 Meter Höhe über die Erde zieht. „Angst aber ist da keine mehr." Man müsse eben auch lernen, den Piloten zu vertrauen.

Krämer fliegt regelmäßig selbst, nach Feierabend, in seiner Freizeit. Im Winter trägt er beheizte Unterwäsche oder einen warmen Überlebensanzug, wenn er da oben über die norddeutsche Küste schwebt, zwischen Bremerhaven, Wilhelmshaven und den Friesischen Inseln. Zu Forschungszwecken flog er Wärmebildkameras für Greenpeace durch die Gegend oder nahm Shipspotter mit, die die Häfen von oben fotografieren wollten.

Mit seinen Passagieren spricht er über Funk, und so manches Mal sagte er dann schon: „Das Schiff da unten habe ich heute morgen noch über die Weser gelotst, schön nicht?" Dann würden Fliegerei und Seefahrt sich ganz nahe kommen. Krämer: „Das ist ein bisschen wie Hafenrundfahrt, nur eben aus der Luft."

Alles über Flugangst, woher sie rührt, wofür sie steht und wie wir sie überwinden: „Ich kann fliegen!" von Verena Kantrowitsch, jetzt im mareverlag.

Fischefasching

Eine Tomate verkleidet sich als Thunfisch, ein Blumenkohl geht als Oktopus. Das Münchner Restaurant „Kansha" serviert veganes Sushi – nicht nur zur Bekehrung, sondern zur Verführung

Text: Anne-Sophie Balzer Fotos: Nina Vogl

Der Blauflossenthunfisch aus dem Mittelmeer hat eine lange und umständliche Reise hinter sich, bis er auf einem Münchner Teller landet. Und so müsste der wahre Preis eines Thunfisch-Nigiris einkalkulieren, dass die lückenlose Kühlkette vom Meer in die Küche eine hohe CO_2-Belastung aufweist. Dass für den Transport ein Lkw Abgase in die Luft jagt. Dass die Bestände des *Thunnus thynnus* drastisch minimiert sind. Dass Fischer immer wieder die Quoten überschreiten oder mit illegalen Methoden arbeiten. Am Ende dieser Rechnung steht noch die moralphilosophische Frage, ob es überhaupt legitim ist, Tiere zu essen.

Pawel Gnatowski findet diesen Preis des Thunfisch-Nigiris zu hoch. Der gebürtige Pole ist einer der ersten und einzigen veganen Sushiköche Deutschlands. „Kansha" heißt sein Restaurant, und es hat nicht weniger im Sinn als ein nachhaltiges Umdenken bei den fisch- und fleischverwöhnten Münchnern.

Die Geschichte Gnatowskis beginnt in Krakau. Schon in der Schule jobbt er im Restaurant seiner Großmutter. Irgendwann übernimmt er in Krakau ein Sushirestaurant, das die Besitzer loswerden wollen. Das „Youmiko" wird unter Gnatowskis Regie zum angesagtesten japanischen Restaurant mit Ableger in Polens Hauptstadt Warschau. Doch die Suche nach Fisch in guter Qualität ist eine frustrierende Angelegenheit. Gnatowskis Freundin ist Veganerin, und auch er ernährt sich irgendwann vegan – es ist für ihn eine Frage der Tierethik geworden. Er beginnt, sich unwohl zu fühlen mit den schönen Tieren, die tot auf seinem Schneidebrett liegen. Im Restaurant in Krakau testet er seine Kunden mit einem veganen Sonntag. Es wird ein großer Erfolg. In einem radikalen Gang stellt er das ganze Restaurant um. Einige Kunden bleiben weg, viele kommen hinzu. Doch Gnatowski will weg aus Polen, gemeinsam mit seiner Freundin, die er mittlerweile geheiratet hat. Als er über einige Zufälle die Gelegenheit bekommt, nach München auszuwandern, als Head Chef ein neues veganes Sushirestaurant zu managen und die Wohnung direkt darüber samt Hund und Katze zu beziehen, packt der Sushikoch die Koffer.

Im Frühling 2018 war das, und seither arbeitet Gnatowski daran, die Münchner für sich und seine Sushikreationen zu gewinnen. Die meisten Gäste, die ins „Kansha" kämen, seien neugierig, offen und bereit, etwas Neues zu entdecken. Es kommen die Sushiverrückten, die Slowfoodgenießer, die Avantgardisten und natürlich die Veganer.

Gnatowski ist in der Küche kein Showmaster, eher ein Spielkind. Daikonrettiche verwandeln sich unter seinen geschickten Händen in zartrosa Koralleninseln. Die geschälte, filetierte und marinierte Tomate auf dem Nigiri hat er so bearbeitet, dass sie sich als roher Thunfisch verkleidet anbietet. Als er ein Gericht mit püriertem Weiß- und Blumenkohl servierte, sagte ein Gast zu ihm: „Das schmeckt ja wie Oktopus!" „Reiner Zufall", sagt der Sushimeister und grinst. Ob das so stimmt?

Von Fischersatzprodukten hält er jedenfalls wenig. Doch er tüftelt gern mit Zutaten, Marinaden, Würzungen oder Zubereitungsarten herum, die auch für tierische Produkte verwendet werden. Eine Selleriewurzel etwa kann sich geschmacklich als weißer Fisch tarnen, Tofu wird mit der richtigen Marinade zum Aal.

Und wer's vergessen hat: Im Meer wachsen nicht nur Fische heran, sondern allerlei schmackhafte Algenarten, die mit wenig Aufwand gefangen, gelagert und zubereitet werden können. Und die in der japanischen Küche mindestens so wichtig sind wie roher Fisch. Am liebsten zeigt Gnatowski seinen Gästen einfach, welche Köstlichkeiten sich aus Pflanzen zubereiten lassen. Gelingt ihm das, profitieren alle: Seine Gäste bekommen ein fantastisches Essen, der Koch kann mit seinem Einfallsreichtum glänzen, und weniger Fische müssen daran glauben.

Wer nun im „Kansha" speist und doch plötzlich die Abwesenheit der geschuppten Meeresbewohner spürt, findet, gut versteckt zwischen roten Lampions und Holztischen, dann doch noch einen Fisch: einen tätowierten Thun auf Pawels Unterarm. Den kann man begutachten, während der Meister in schwindelerregendem Tempo auf seinem Hackbrett an der Sushibar zugange ist.

Tomaten-Nigiri

Zutaten und Zubereitung (für vier Personen)

4 große Tomaten mit heißem Wasser überbrühen, Haut abziehen, halbieren, entkernen und in dünne Scheiben schneiden. 8 EL Sesamöl, 6 EL Tamari-Sojasauce, 4 EL Reisessig, 2 TL Zucker, eventuell etwas Mikawa Mirin (Süßreislikör) zu einer Marinade verrühren.
4 Algenblätter und die Tomatenscheiben in die Marinade legen, zugedeckt einige Stunden im Kühlschrank marinieren lassen. Algenblätter aus der Marinade fischen. Die Tomatenscheiben wie sonst den Thunfisch auf Reisbällchen anrichten und mit Sojasauce servieren.

Kansha
Occamstraße 6, 80802 München,
Tel. 089/998297640. Geöffnet Mo bis Sa 18 bis 23 Uhr, So Ruhetag.

Oben **Puristische Geradlinigkeit in der Raumgestaltung: das „Kansha".**
Darunter **Verspielte Köstlichkeiten auf kleinen Schalen: Gnatowskis vegane Sushikreationen**

Das Watt muss weg

Aus heutiger Sicht klingen die Pläne grotesk: Anfang der 1970er-Jahre erwog die Bundesregierung, Teile des Wattenmeers einzudeichen und industriell zu nutzen – inklusive des Baus von Atommeilern

Von Tim Schröder

Das Wattenmeer erwies sich als idealer Standort. Schäden befürchtete man kaum. Zwar rechneten die Experten mit einer „Verlustrate der vom Kühlsystem erfassten Fischlarven von 100 Prozent". Ansonsten hielten sie „die sich aus dem Betrieb eines Atomkraftwerkes in der maritimen Umwelt ergebenden Sicherheitsanforderungen" für „beherrschbar".

Eigentlich wäre die Südspitze von Sylt bei Hörnum perfekt für den Bau eines Atomkraftwerks gewesen. Hier strömt das mächtige Hörnumtief. Jede Flut trägt frisches, kaltes Wasser durch die tiefe Rinne heran. Damit hätte es das ganze Jahr über ausreichend Kühlwasser gegeben. Doch ein Atomkraftwerk auf Sylt erschien selbst den Ingenieuren von Dornier System zu gewagt, wegen des Erholungswerts.

Besser sei der Süderoogsand, hieß es, eine Sandbank südwestlich von Pellworm. Der nahe Heverstrom habe gute Strömungsverhältnisse. Und die für die „Ver- und Entsorgung notwendigen Hafenanlagen" befänden sich im nahe gelegenen Husum. In ihrer Studie „Kernkraftwerke im deutschen Offshorebereich" identifizierten die Ingenieure elf „mögliche Standortgebiete" in Nordfriesland, zwei in der Elbmündung und sechs im niedersächsischen Wattenmeer. Das Bundesforschungsministerium hatte die Studie 1974 in Auftrag gegeben. Sie sollte die Frage beantworten, ob Atomkraftwerke im Wattenmeer machbar seien und ob der Wasseraustausch ausreiche.

Die Atomkraftwerke wurden nie gebaut. Damals hatte sich in Deutschland gerade die Anti-Atomkraft-Bewegung formiert. Und so beließ man es beim Bau der beiden neuen Atomkraftwerke Brokdorf und Brunsbüttel in der Elbmarsch, der technisch weniger aufwendig als ein Atommeiler im Watt war.

Die Idee, Atomkraftwerke im Watt zu bauen, klingt aus heutiger Sicht absurd. In den 1960er- und 1970er-Jahren aber galt das Wattenmeer als wertlose Freifläche, die wirtschaftlich zu entwickeln sei. „Das Watt wurde mit einer erstaunlichen Nonchalance und Brachialität verplant", sagt Anna-Katharina Wöbse, Umwelthistorikerin an der Universität Gießen. „Man wollte große Teile des Wattenmeers eindeichen, landwirtschaftlich nutzen und Industrie ansiedeln."

Zum Teil geschah das auch. Vor Friedrichskoog baute man eine Bohrinsel – mit hohen Sicherheitsstandards zwar, dennoch ein Fremdkörper im Watt. Entlang der deutschen Nordseeküste verschwanden Wattflächen hinter neuen Deichen.

„Mit erstaunlicher Nonchalance und Brachialität verplant"

Die breite Mündung der Eider verriegelte man mit einem Sperrwerk. Und zwischen 1969 und 1978 deichte man die Meldorfer Bucht südlich von Büsum auf 15 Kilometer Länge ab.

Eigentlich ist der Deichbau Ländersache. Doch in der Meldorfer Bucht lief es anders. Der Bund finanzierte einen Teil des Deiches und erkaufte sich damit das Recht, dort Waffen zu erproben. So testete die Bundeswehr ab 1982 Panzerabwehrraketen und Lenkflugkörper. Man feuerte von Lafetten auf dem Deich mal den Deich entlang, mal direkt ins Watt – unweit der Vogelinsel Trischen und der Bohrinsel bei Friedrichskoog. Der Vorteil dieses Schießplatzes war die gute Sicht. Zudem zerbarsten die Projektile nicht, wenn sie im weichen Watt landeten. Blindgänger konnten die Soldaten anschließend bergen und überprüfen. Über die empfindlichen Salzwiesen und durch das Watt rumpelte die „Eidechse", ein Raupenfahrzeug. Anfang der 1980er schoss die Bundeswehr in der Meldorfer Bucht an 80 Tagen im Jahr. Erst mit dem Ende des Kalten Krieges reduzierte sie die Zahl der Schießtage. Bis heute hat die Bundeswehr das Recht, auf dem Deich der Meldorfer Bucht Übungen abzuhalten.

„Verglichen mit anderen Nationalparks wie dem Schweizerischen Nationalpark im Engadin ist das Wattenmeer heute noch immer stark genutzt", sagt Hans-Peter Ziemek, Professor für Biologiedidaktik an der Universität Gießen, der gemeinsam mit Historikerin Wöbse forscht. „Man kann es als eines der letzten Naturparadiese betrachten – oder sich fragen, was hier eigentlich los ist. Man stelle sich vor, man würde im Schweizerischen Nationalpark nach Öl bohren oder Schießübungen veranstalten. Undenkbar."

Doch es hätte alles noch viel schlimmer kommen können. Während des Zweiten Weltkriegs legte Gauleiter Hinrich Lohse seinen „Generalplan für die Landgewinnung in Schleswig-Holstein" auf den Tisch. Lohse wollte das nordfriesische Festland bis zu den Inseln Föhr und Amrum nach Westen erweitern. Der Plan sah einen riesigen Deich von der Südspitze Sylts über die Inseln und den Süderoogsand bis zur Halbinsel Eiderstedt vor. Damit wäre das einzigartige Halligland ganz in Ackerland aufgegangen.

Zwar verschwanden die Pläne aus der Nazizeit nach dem Krieg in den Schubladen. „Aber so ganz aus den Köpfen waren sie eigentlich nie", sagt Karsten Reise, Biologe und bis vor wenigen Jahren Leiter der Wattenmeerstation des Alfred-Wegener-Instituts in List auf Sylt. „Während des Krieges ging es darum, Land für die Produktion von Nahrungsmitteln zu gewinnen, nach der schweren Sturmflut von 1962 dann um den Küstenschutz." Für Reise sind die Eindeichungen die schwersten Wunden, die man dem Watt seit den 1960er-Jahren zugefügt hat.

Heute Schutzgebiet, damals wertlose Freifläche: Eine Studie im Auftrag des Bundesforschungsministeriums identifizierte 19 geeignete Standorte für Atomkraftwerke im Watt

Es waren die frühen Naturschützer, die das Watt vor noch schwereren Verletzungen bewahrten. In den 1960ern taten sich in den Niederlanden und Deutschland erstmals Menschen zusammen, um gegen den Ausverkauf des Watts zu kämpfen. In den Niederlanden hatte sich 1953 die „große Flut“ ereignet, bei der Deiche brachen und mehr als 1800 Menschen starben. Die Regierung beschloss daraufhin ein gigantisches Dammbauprojekt, die „Deltawerke“, mit dem alle großen Flussmündungen abgeriegelt wurden. „In diesem Zug wollte man auch gleich das Wattenmeer mit eindeichen“, erinnert sich der Chemiker Kees Wevers aus Utrecht, der 1965 in den Niederlanden zur Ikone des Wattenmeerschutzes wurde. „Man wollte die Insel Ameland über zwei Autodämme mit dem Festland verbinden und das Watt dazwischen in Festland umwandeln.“

Wevers war damals erst 15 Jahre alt und empört, als er im Radio vom Ameländer „Dammenplan“ hörte. Er setzte sich an die Schreibmaschine und tippte einen Leserbrief, den er gleich an mehrere Zeitungen schrieb. Darin rief er dazu auf, eine „Vereniging tot behoud van de Waddenzee“ zu gründen, einen Wattenmeerschutzverein. Es meldeten sich andere Wattenmeerliebhaber, darunter ein bekannter Verleger. Wenige Monate später gründeten sie ihre „Vereniging“. Wevers wurde zum jugendlichen Star einer neuen Umweltschutzbewegung.

Drei Jahre zuvor hatte eine kleine Gruppe um den Wattschutzpionier Gert Oetken in Schleswig-Holstein einen ähnlichen Verein gegründet, die Schutzstation Wattenmeer, die es bis heute gibt. „Gert hatte zunächst nur Nordfriesland im Blick“, erzählt Biologe Reise, ein Freund Oetkens. „Die niederländischen Wattschützer dachten da internationaler. Sie bekamen ziemlich schnell Unterstützung von Wissenschaftlern, die klarmachten, dass man das Watt nicht als nationale Angelegenheit, sondern als trilateralen Lebensraum betrachten müsse. Damals erkannte man zum Beispiel die Bedeutung des Wattenmeers als Nahrungsgebiet für die Zugvögel.“

Die Idee, das Watt zu einem internationalen Schutzgebiet zu machen, ging also von den Niederlanden aus. Auch politisch vollzog man die Kehrtwende hier früher als in Deutschland oder Dänemark. „Es war die Zeit, als der Club of Rome gegründet wurde, als erste Bücher erschienen, die die Zerstörung der Umwelt anprangerten, wie zum Beispiel ‚Der stumme Frühling‘“, so Reise. „So langsam entwickelte sich ein Umweltbewusstsein.“ Hatten die niederländischen Planer 1965 noch vorgeschlagen, in den eingedeichten Wattgebieten einen internationalen Flughafen zu bauen, so verabschiedete sich 1974 die neue linksliberale Regierung in Den Haag von den meisten zuvor geplanten Bauprojekten im Wattenmeer – just in jenem Jahr, als das deutsche Bundesforschungsministerium unter dem SPD-Minister Hans Matthöfer die Atomkraftwerkstudie in Auftrag gab.

Doch bald regte sich auch in Deutschland Widerstand. Als Anfang der 1970er-Jahre eine Baugruppe auf Sylt einen 100 Meter hohen Hotelkomplex mit großzügigen Marinas im Watt errichten wollte, wurde Gastwirtin Klara Enss, bei der auch Prominente abstiegen, zur schillernden Kämpferin gegen das Hochhaus. In Enss' Kielwasser brachten die Prominenten das Thema Insel- und Wattenmeerschutz auf die große Bühne in ganz Deutschland.

Mitte der 1980er wurde das deutsche Wattenmeer schließlich zum Nationalpark ernannt, auch dank des Engagements von Leuten wie Reise. „Wir haben Biodiversitätsindizes angelegt und damit erstmals den Wert des Watts und der Flächen, die eingedeicht werden sollten, beziffert – eigentlich ziemlich abstrakte und künstliche Zahlen. Aber damit waren wir in der Argumentation dann plötzlich ziemlich wortmächtig.“

Heute ist das Wattenmeer ein Unesco-Weltnaturerbe. Und niemand zweifelt mehr daran, dass es einen enormen nicht allein monetären Wert besitzt: seine Schönheit.

Als Mitarbeiter der Schutzstation Wattenmeer erlebte der Oldenburger Autor Tim Schröder, Jahrgang 1970, den Bau der Bohrinsel im Watt mit. Dass das Watt einmal Unesco-Welterbe würde, war damals undenkbar.

Besorgniserregend rasant

mare No. 1 „Transatlantik" und No. 138 „Golfstrom"

Bei der Durchsicht älterer Ausgaben von mare bin ich zufällig auf den Artikel „Europas Fernheizung" in der Ausgabe 1, April/Mai 1997, Seite 62 bis 66, gestoßen. Zu erkennen, dass aus der seinerzeit dargestellten wahrscheinlichen Möglichkeit einer Abschwächung des Golfstromsystems durch die globale Klimaveränderung eine reale Abschwächung in Höhe von 15 v. H. nach noch nicht einmal 25 Jahren geworden ist, ist nicht nur besorgniserregend, sondern zeigt auch deutlich, wie rasant sich unser Klima verändert.

**Thomas Hüls,
per E-Mail**

Nicht einfach weglegen

mare-Bildband „Normandie"

Mit etwas Verspätung – Auslandsabwesenheit – möchte ich mich für den gelungenen Bildband herzlich bedanken. Auf Reisen in die Normandie und die Bretagne war ich auch als Hobbyfotograf unterwegs, aber so schöne Bilder sind mir natürlich nicht gelungen. Ich werde das Buch also nicht einfach weglegen, sondern mit Freude immer wieder darin lesen und blättern.

**René Schorno, Vaduz,
Liechtenstein**

Das geht doch auch besser

mare

mare ist eines meiner monatlichen Highlights, und ich freue mich immer auf eine ruhige Stunde (oder Stunden), um die mare entsprechend zu würdigen. Leider beginnt jede mare-Sitzung mit einem kleinen Ärgernis: dem Auspacken der Zeitschrift aus der Plastikfolie. Ihre Zeitschrift schärft regelmäßig das Bewusstsein zum Erhalt der Meeresökologie, und gleichzeitig packen Sie die Zeitschrift in Plastik ein. Das geht doch auch besser, nicht? Ich würde mich noch viel mehr über die Zeit freuen, wenn die mare irgendwann einmal im Papierkuvert bei den Abonnenten eintreffen würde.

**Michael Hirschbichler,
per E-Mail**

Tatsächlich sind wir hinsichtlich der Verpackung von mare in einem Dilemma. Es geht leider nicht ohne Verpackung, weil die Hefte von vielen Abonnenten gesammelt und natürlich in unversehrtem Zustand erwartet werden. Anfangs haben wir Papierumschläge verwendet, mussten aber feststellen, dass Papier für die schweren Hefte nicht stabil genug ist. Wir bekamen damals viele Reklamationen, es gab entsprechend viele Ersatzlieferungen und auch Kündigungen. Wir haben uns dann für sogenannte Schrumpffolie entschieden, da sie am besten schützt. Diese Folie wurde in Süddeutschland chlor- und schwefelfrei hergestellt, ohne Weichmacher und Schwermetalle, war grundwasserneutral und verbrannte ohne toxische Emissionen, und bei der Herstellung und Verarbeitung entstanden keine giftigen Dämpfe oder Abwasser. Seit drei Jahren wird mare in eine biologisch abbaubare, kompostierbare Folie verpackt. Sie ist leider nicht ganz so stabil, aber schützt ganz ordentlich. Noch können einige Kompostierwerke diese Folien nicht im normalen Prozess abbauen, da die nötige Temperatur nicht lange genug gehalten wird. Das wird sich sicher noch ändern. Vorerst empfehlen wir, die Folie mit anderen Verpackungen der Wertstoffsammlung zuzuordnen. Die Red.

Wir freuen uns über Ihre Briefe, müssen uns aber Kürzungen vorbehalten.
mare Leserbriefe, Pickhuben 2, 20457 Hamburg, mare@mare.de, **Fax +49/(0)40/369 859 99**

Mein Hooge, *8.*

Unser Kolumnist reiste als Jugendlicher achtmal nach Hooge. Jetzt, nach 30 Jahren, erkundet er die Hallig erneut, als Erwachsener, als Stadtmensch, mit tausend Fragen im Gepäck. Heute nimmt er an einer Beerdigung teil

Von Jan Keith

NEULICH LAS ICH IN EINER „SPIEGEL"-TITEL-geschichte über Selbstoptimierung den Satz: „Denken Sie öfter an Ihre Beerdigung." Seitdem mache ich mir Gedanken, wie mein Ende aussehen könnte. Ich habe sogar eigens eine Beerdigung auf Hooge besucht, zur Inspiration. Und ich muss sagen: Ja, so kann ich mir mein Ende gut vorstellen. Auf Hooge.

Dabei war es auf Hallig Hooge lange Zeit eine komplizierte Angelegenheit, aus dem Leben zu scheiden. Amtlich zu sterben war bis 1956 sogar unmöglich. Weil es damals (wie heute) keinen Arzt auf der Hallig gab, gab es auch niemanden, der den gesetzlich vorgeschriebenen Totenschein ausstellen konnte. Das führte vor allem in Versicherungsfällen zu erheblichen Schwierigkeiten.

Dann aber hatte der Husumer Landrat ein Einsehen und befugte den Hooger Bürgermeister. Heute ist es der Hooger Krankenpfleger, der diesen bürokratischen Akt übernimmt.

Sterben auf Hooge war schon immer anders.

Ist der letzte Atemzug getan, wird zum Beispiel kein Bestatter gerufen. Es gibt nämlichen gar keinen auf Hooge. Theoretisch könnte man zwar einen vom Festland kommen lassen. Doch der würde die Frist von 36 Stunden, binnen derer in Schleswig-Holstein ein Leichnam abgeholt werden muss, sowieso nicht einhalten können. Im Winter fährt ja manchmal tagelang keine Fähre.

Also bleibt der Leichnam erst einmal an Ort und Stelle, idealerweise im Kreis der Liebsten. Karen Tiemann, als Kirchengemeinderatsvorsitzende eine Art Expertin in Sachen Sterben auf Hooge, erinnert sich noch gut an den Tod ihrer geliebten Tante im Jahr 2000. „Sie starb hier in unserem Haus auf der Backenswarft. Es war Winter, und da haben wir einfach die Heizung runtergedreht. Das geht über mehrere Tage ganz gut, ohne dass es riecht."

Ich mag diesen Pragmatismus. Das nimmt dem Tod seine Bedrohlichkeit.

Früher, bis Anfang der 1980er-Jahre, war es die Halligheb-amme, die auf Hooge offiziell die Bestatteraufgaben übernahm. Sie war die Totenfrau der Hallig. Sie wusch die Leichen, zog sie an. Goethes Ausdruck „Von der Wiege bis zur Bahre" traf nirgendwo besser zu als auf Hooge.

Heute packen irgendwie alle mit an. Nur 100 Menschen leben auf Hallig Hooge, aber es finden sich immer Freiwillige, die das Grab schaufeln oder den Sarg tragen. Die die Blumen besorgen oder den Kaffee kochen. Das aktuelle Konfirmandenkind klopft an jede einzelne Haustür und verkündet den Tod des Hoogers, „Rundsagen" nennen sie das hier, eine alte Tradition. Für die wichtigsten Dinge ist auf der Hallig sowieso gesorgt: In einem Raum zwischen Kirche und Pastorat befindet sich stets einsatzbereit ein leerer Sarg. Und dort steht auch der legendäre Hooger Leichenwagen.

Es handelt sich dabei um einen Westfalia-Bestattungsanhänger aus den 1960er-Jahren. Eine Art zu klein geratener Wohnwagen, ganz in Schwarz, mit stilisierten Palmblättern an den Fenstern. Oldtimerfans würden begeistert sein. Ebenso wie das ZDF, das den Leichenwagen eigens für eine Krimiproduktion auslieh.

Hier also endet das Leben eines jeden Hoogers, in diesem charmanten Retrogefährt. Der Sarg wird darin transportiert, von der Warft des Ablebens zum Friedhof auf der Kirchwarft, gezogen von starken Männern, begleitet von einem Trauerzug. Jeder Hooger, der es zeitlich einrichten kann, geht mit.

So war es auch bei der Beerdigung von Ingeborg Dell Missier, an der ich teilnahm. Die Frau des Altbürgermeisters Otto Dell Missier starb am 30. November 2019 in einem Seniorenheim auf dem Festland, es ist das Schicksal vieler alter Hooger. Am Tag der Beerdigung holte man den Leichnam in Schlüttsiel ab und brachte ihn per Fähre nach Hooge, mit dem Retrogefährt. Prädikantin Gertrude von Holdt-Schermuly hielt den Trauergottesdienst auf Plattdeutsch. Auf den Handzetteln, die verteilt wurden, stand unter dem Foto der Verstorbenen ein Bibelzitat: „Die Wasserwogen im Meer sind groß und brausen mächtig; der Herr aber ist noch größer in der Höhe."

Es war anrührend. Nur einen Wermutstropfen gab es: Meine eigene Beerdigung auf Hooge bleibt unerreichbar. Karen Tiemann sagte mir: „Nur echte Hooger werden bei uns beerdigt." „Echt" sind nur hier geborene und deren enge Verwandte. Hooge-Kolumnisten gehören definitiv nicht dazu.

Das Meer DAZWISCHEN

Text: Andrea Walter Illustration: Olaf Hajek

Vor uns liegt eine Sammlung besonderer Fundstücke: Liebesbriefe berühmter Menschen und gänzlich Unbekannter, Notizen von Jungen wie von Älteren, von Hoffnungsfrohen wie von solchen, die mit dem Tod rangen. Was diese Briefe aus dem 18. bis 20. Jahrhundert eint, ist, dass sie von Gefühlen handeln und übers Meer verschickt wurden (oder werden sollten) – von Schiffen, Inseln, aus Polarregionen. Manche der Briefe kamen niemals an. Wie sollen wir sie lesen? Was ist in ihnen zu finden?

Der Mensch ist schon ein eigenartiges Wesen: Er lacht und liebt und weint und sehnt, und wenn ihm das Herz übersprudelt oder er einsam ist, fängt er an zu schreiben, Seite um Seite, seine Hände und sein Herz ausstreckend, in Tinte, Buchstaben, Zeilen, Gedanken. Und ist er damit fertig, sehnt er sich wieder und bangt und hofft – darauf, bald eine Antwort zu bekommen.

Der Philosoph Günther Anders schrieb einmal: „Fände ein Wesen nach dem Untergange der Menschheit kein einziges Werkzeug, keine Vasenscherbe, keinen Religionsrest und nichts, was von Satzungen meldete – ein einziger mumifizierter Liebesbrief, und wäre er noch so banal, würde ihn zwingen, uns als einem Sonderwesen, als *animal amans*, eine eigene Nische anzuweisen." Was Anders nicht erwähnte: dass dieses *liebende Wesen* auch auf dem Meer unterwegs war (und ist). Es hat dort längst ein unsichtbares Netz ausgeworfen, das alle Ozeane, alle Meere und Kanäle umspannt, das bis zu fernen Inseln reicht und in abgelegene Häfen, ja sogar bis hinein ins ewige Eis.

Es ist aus feinsten Fäden gewoben. Manche von ihnen funkeln und leuchten, andere sind zart und zerbrechlich, wieder andere eitel und stolz; und manche knüpfen so starke Bande, dass nichts sie zu trennen vermag. Die Fäden sind aus Hoffnungen geflochten, aus Träumen, Sorgen, Sehnsüchten, Wünschen, vor allem aber bestehen sie aus Geschichten. Es sind Versuche, die Abwesenheit des anderen, die Distanz mit Briefen zu überwinden. Und welche Distanz könnte größer sein als ein Ozean, zumal vom 18. bis ins 20. Jahrhundert hinein? Was macht also Liebesbriefe aus, die übers Meer und damit über weite Distanzen verschickt wurden? Wirkt das Meer, das wie die Liebe eine Macht und ein ewiges Mysterium ist, als ein Verstärker von Gefühlen?

Darüber lässt sich nur rätselraten. Schließlich wissen wir nicht, wie die Menschen geschrieben hätten, wären sie an Land geblieben. Was wir aber getrost feststellen dürfen, ist: In Zeiten, in denen Briefe übers Meer noch Wochen oder Monate brauchten, um anzukommen, in denen es keine oder kaum Alternativen gab, sich sonst zu erreichen, in denen Briefe und Liebste auch verschollen blieben, weil sie zusammen mit Schiffen versanken, in solchen Zeiten taten sich weite Räume auf, die jene Liebenden zu füllen hatten. Denn was sonst soll man tun, ist der andere fern, als schreibend gemeinsame Welten zu erschaffen, die zusammenschweißen, während die Realität trennt?

So betrachtet, sind manche der Liebesbriefe, die auf den folgenden Seiten zu lesen sind, nicht nur Brückenschläge zum anderen, nicht nur zärtliche Zeilen oder Eigenwerbung in Anbahnungszeiten, sondern zugleich Rebellionen. Das Aufbäumen gegen sämtliche Gefahren, den anderen zu verlieren. Deshalb schrieben manche Liebende weiter, selbst wenn keine Antwort mehr kam. Darunter Emma DeLong, die Frau des Polarforschers George DeLong, der im Juli 1879 auf der „Jeannette" in die brachiale Kälte der Arktis aufbrach, in der irren Hoffnung, am Nordpol ein offenes Polarmeer zu entdecken, das es nicht gab. „Briefe ins Nichts" nannte Emma DeLong ihre Versuche, daran zu glauben, dass ihr Gatte noch lebte.

Es dürfte wenig Menschen geben, die mehr Notizen der Verbundenheit gelesen haben als Eva Wyss. Sie ist Professorin für Sprachwissenschaft an der Universität Koblenz und Briefforscherin. Seit 1997 sammelt sie Liebesbriefe und führt heute ein Archiv mit über 20 000 Exemplaren. Wie arbeitet sie? Wonach schaut sie?

Erst prüfe sie, ob die Dokumente echt seien, ob sich die Autorenschaft bestätigen lasse, so die Philologin. Ist dem so, recherchiert sie weiter und fragt sich: In welchem Kontext wurden die Briefe geschrieben? In welcher historischen, welcher Weltsituation? Was war die gesellschaftliche, was die persönliche Situation der Schreibenden und der Adressaten? Was waren es für Persönlichkeiten?

Was die Forscherin antreibt, ist der Wunsch, so viele Bezüge wie möglich zu erfassen und die Briefe wirklich zu verstehen. „Und das ist bei einem Text umso schwieriger, je privater und intimer der Text ist", sagt Wyss. Weil sich darin neben historischen Fakten eben auch zahlreiche Anspielungen finden, die bloß dem Paar bekannt sind. Man denke nur an Lord Nelson, der, während er 1800 nach Sizilien segelte, seine Geliebte Lady Hamilton schreibend wissen ließ: „Ich kann weder essen noch schlafen, weil ich nur an dich denke, Liebste, ich mag nicht einmal mehr Pudding. Du weißt, warum."

Und so schaut Eva Wyss weiter nach Sprachen und Konzepten der Liebe, nach Kosenamen und auch danach, ob ein Brief in der Zeit, in der er geschrieben wurde, eher angepasst oder avantgardistisch war. Sie fragt sich nach dem „kommunikativen Ziel“. Stammt der Brief aus einer innigen Unterhaltung? Oder ist er (auch) an eine Öffentlichkeit gerichtet? Hat der Schreiber oder die Schreiberin ein Interesse, sich auf diese oder jene Weise zu präsentieren?

Auch lässt sich fragen: Haben wir es mit Leidenschaft zu tun? Oder eher mit Selbstheroisierung? Welche Persönlichkeit kommt zum Ausdruck, die offizielle oder die private? Wie war der Moment, in dem der Brief geschrieben wurde – und wie jener, als der andere ihn las? Briefe können auch Zeitkapseln sein, eingefrorene Momente. Nicht immer lebte der oder die Liebste noch, als der Brief eintraf.

Auch Christina Beckers und Annika Raapke finden in den Briefen Dinge, die Laien wohl nicht auffallen würden. Als Historikerinnen an der Universität Oldenburg forschen sie an den „Prisenpapieren“, jenem Schatz aus Dokumenten aus der Zeit der Seekriege von 1600 bis 1817, die jahrhundertelang in den britischen Nationalarchiven eingelagert waren und erst seit einigen Jahren für die Forschung entdeckt werden. Darunter auch „eine ganze Menge“ Liebesbriefe oder zumindest solche, die Gefühle ausdrückten und auch die Distanz, die die Menschen trennte.

Dies geschah auf unterschiedlichste Weise. „Entfernungen“, sagt Annika Raapke, „wurden nicht nur räumlich, sondern oft auch zeitlich verhandelt.“ Da schreibt etwa jemand: „Ich bin drei Monate von dir entfernt“ oder „Du hast mich in sechs Wochen zurück“. Zum Teil, ergänzt Christina Beckers, reiche der so geteilte Zeitraum sogar bis ins Jenseits, wenn die Rede davon ist, dass man sich „in dieser Welt oder der nächsten“ wiedersehe.

Briefe sind immer ein Spiegel dessen, was Menschen ausmacht, was sie beschäftigt, was sie sich wünschen, was für Beziehungen sie führen. „Und die Menschen“, sagt Annika Raapke, „waren auch damals in der Lage, adressatengerecht komplett andere Erzählungen zu entwickeln.“ So fanden sie etwa zwei Briefe, die ein junger Arzt an ein und demselben Tag verfasste. Der eine ging an zwei unverheiratete Frauen, der andere an seinen Onkel. Den Frauen schrieb er, wie fürchterlich es bei ihm sei und dass er nur nach Hause wolle. Dem Onkel schrieb er, es gehe ihm bestens, er habe sich in Übersee ein Leben aufgebaut.

Schreibt Lord Nelson an seine Lady Hamilton, dass er nie „an Land übernachte“, womit er ausdrückte, dass er nicht zu Prostituierten gehe, seien das „auch Dinge, von denen man wusste, dass man sie schreiben muss“, so Christina Beckers. Denn während die meisten Briefe Treueschwüre enthalten, fanden die Historikerinnen auch jene, in denen Seeleute sich untereinander schrieben, wo es „tolle Mädchen“ gibt.

Und noch etwas fiel Annika Raapke auf, die zu körperlichen Berührungen in Briefen geforscht hat: dass jene, die so weit voneinander entfernt sind, versuchen, sich ihre körperlichen Erfahrungen gegenseitig zugänglich zu machen. Da werden Empfindungen beschrieben und Berührungen durch Sprache ersetzt – und manchmal entzogen, wohl auch, um den anderen zu strafen. Eine Frau, die gerade das erste gemeinsame Kind geboren hatte, schrieb ihrem Mann: „Deine Eltern umarmen dich.“ Aber sie selbst tat es nicht.

Manchmal hörten Liebende auch auf zu schreiben. Oder reagierten auf ausbleibende Briefe des anderen vorsorglich mit langen Beschwerden, um dann unvermittelt zum Tagesgeschäft überzugehen. Oft ließ man den anderen wissen, in welchem Hafen man am besten zu erreichen sei. Wieder andere schickten die Briefe an den Absender zurück. Nicht zu schreiben galt als Höflichkeitsverstoß, der zu ahnden war oder dem Adressaten eine deutliche Botschaft übermittelte.

Wie bedeutsam Konventionen waren, erkennt man daran, dass im 18. Jahrhundert Briefratgeber populär wurden, die vermittelten, wie man Liebesbriefe auf eine Weise schrieb, dass sie natürlich klangen. Selbst dort also, wo einer seufzt und sehnt, wo es scheint, als habe er geschrieben, was das Herz ihm diktierte, wurde mitunter abgekupfert. Aber auch hier sollte man nicht zu schnell urteilen: Was als Ausdruck fehlender Hingabe erscheinen mag, zeugte von Wertschätzung und Respekt – davon, alles richtig machen zu wollen in der Liebe. Und es verrät auch, was man damals darunter verstand. So kann man in den Briefen, die übers Meer verschickt wurden, Schätze sehen, die sich immer wieder heben lassen. Mit neuem Wissen, vielleicht auch mit einem weiseren Herzen und noch mehr Verständnis für jenes *animal amans*, das wir alle sind.

Dass das Meer ein Raum der Trennung sein kann, hat Andrea Walter, Jahrgang 1975, auch erfahren, als sie die Reportage über den kalabrischen Friedhof für ertrunkene Flüchtlinge schrieb (mare No. 133).

George DeLong an Emma DeLong von Bord der „Jeannette“ 1879

Linke Seite **Die „Jeannette“, mit der George DeLong den Nordpol entdecken will.**
Unten **Ein Teil der Crew wird 1881 von sibirischen Jägern gerettet**

Im Juli 1879 sticht der ehemalige Walfangkapitän George Washington DeLong (1844–1881) auf der USS „Jeannette“ in San Francisco in See. Das Ziel: der Nordpol. Die Besatzung: 32 Mann. Zu Hause zurück bleiben seine geliebte Frau Emma und Töchterchen Sylvie, die auf den vorherigen Reisen um Südamerika dabei waren. DeLong schreibt Emma, er gehe ein halbes Dutzend Mal in ihre Kabine, um enttäuscht festzustellen, dass sie gar nicht da seien. Emma schreibt George vom ersten Tag an Briefe, von denen sie ahnt, dass die meisten ihn nicht erreichen werden, ihre „Briefe ins Nichts“, für sie eine Art therapeutisches Ritual. Sie schreibt sie mit Durchschlägen und sendet sie an verschiedene Adressen in der Arktis, an Walfängersiedlungen und Handelsposten auf Spitzbergen. Beide wissen: Diese Expedition ist gefährlich. Und tatsächlich setzt sich das Schiff schon im September in der Tschuktschensee im Eis fest und schlägt leck. Ein jahrelanges Martyrium beginnt. Der Brief vom 27. August 1879 ist der letzte, den George schreibt, bevor sie im Eis stecken bleiben. Während die vorherigen Briefe eher nüchtern gehalten waren und über den Verlauf der Reise berichteten – was zeigt, wie sehr George seine Frau als Expeditionsmitglied ansah –, ist der Ton dieses Briefes gefühlvoller. Monatelang bleibt die „Jeannette“ im Eis gefangen und treibt übers Meer Richtung Nordwesten. Im Juni 1881, also eineinhalb Jahre später, sinkt das Schiff. DeLong und seine Männer retten sich auf drei Beiboote. Eines der Boote verschwindet spurlos, die Männer des zweiten werden von jakutischen Jägern gefunden. Auch DeLong und seine Mitstreiter gehen an Land. Für sie und die zwölf überlebenden Schlittenhunde beginnen unfassbare Strapazen der Wanderschaft übers Eis. Amerikanische Zeitungen berichten über das Drama. Emma schreibt Brief um Brief, manche sehnsuchtsvoll, andere über den Alltag berichtend, manche auch ironisch schimpfend, immer hoffnungsvoll. Doch sie wird George nicht wiedersehen. Er und seine Männer sterben den Hungertod im Eis. *zdb* ➣

27. August [1879]
Wir nehmen ein letztes Mal Proviant und Brennstoff an Bord und wollen gegen 19 Uhr aufbrechen. Das Wetter ist wunderbar – eine leichte Brise aus Süd und eine ruhige See. Ich kann es kaum erwarten loszusegeln. Und doch fühlt es sich an wie ein erneuter Abschied. Aber ich habe diese Sache angefangen, und ich werde sie zu Ende bringen.
Dir sage ich mit tausend Küssen Auf Wiedersehen. Mit Gottes Hilfe wird mir etwas gelingen, was Dich den Namen Deines Ehemannes mit Stolz tragen lässt. Gib mich nicht auf, denn eines Tages werde ich vor euch stehen und Frau und Kind zurückverlangen. Gott möge Dich segnen und behüten, wo immer Du auch bist, und Dir Deine Liebe zu mir bewahren. Sollte das Schicksal es so wollen, dass wir uns in dieser Welt nicht mehr wiedersehen, dann sei versichert, dass Du mir in allem, in Worten und in Taten, die treueste, beste, liebevollste Ehefrau warst, die je ein Mann hatte. Mein Herz und meine Seele gehören ganz Dir … meine Teure, mein Liebling, lebe wohl.

Linke Seite **George DeLong, Kapitän und Expeditionsleiter. Der Zeitungsverleger James Gordon Bennett jr. finanziert die Reise zum Nordpol, weil er beweisen will, dass das Polarmeer offen ist. Die Geschichte der Expedition ist Gegenstand von Hampton Sides' Buch „Die Polarfahrt" (marebuch, 2017).**
Rechts **Taufe der USS „De Long" im Jahr 1918. Enkelin Emma, Tochter Sylvie und Ehefrau Emma (von links nach rechts) des vor 37 Jahren verstorbenen George DeLong sind Ehrengäste der Zeremonie**

Mein liebster George,
sicherlich freut es Dich, zu hören, wie groß das Interesse am Schicksal der Jeannette und ihrer Besatzung ist. Ich habe Dutzende Briefe und Telegramme bekommen, aber auch Anfragen von zahllosen Zeitungen, die ein Interview mit mir führen wollen. Diese Anfragen habe ich höflich, aber bestimmt abgelehnt. Ich will nicht, dass mein Mann je wieder zu irgendwelchen Abenteuern aufbricht. Ich will, dass er zu Hause bleibt. Andernfalls lasse ich mich scheiden!
Emma

Umschlag eines Briefes von Emma an ihren Mann, der später von dem Entdecker Robert Peary in einer Hütte in Grönland gefunden wurde. Er konnte ihn Emma 25 Jahre, nachdem sie ihn geschrieben hatte, zurückgeben

Lord Nelson an Lady Emma Hamilton 29. Januar 1800

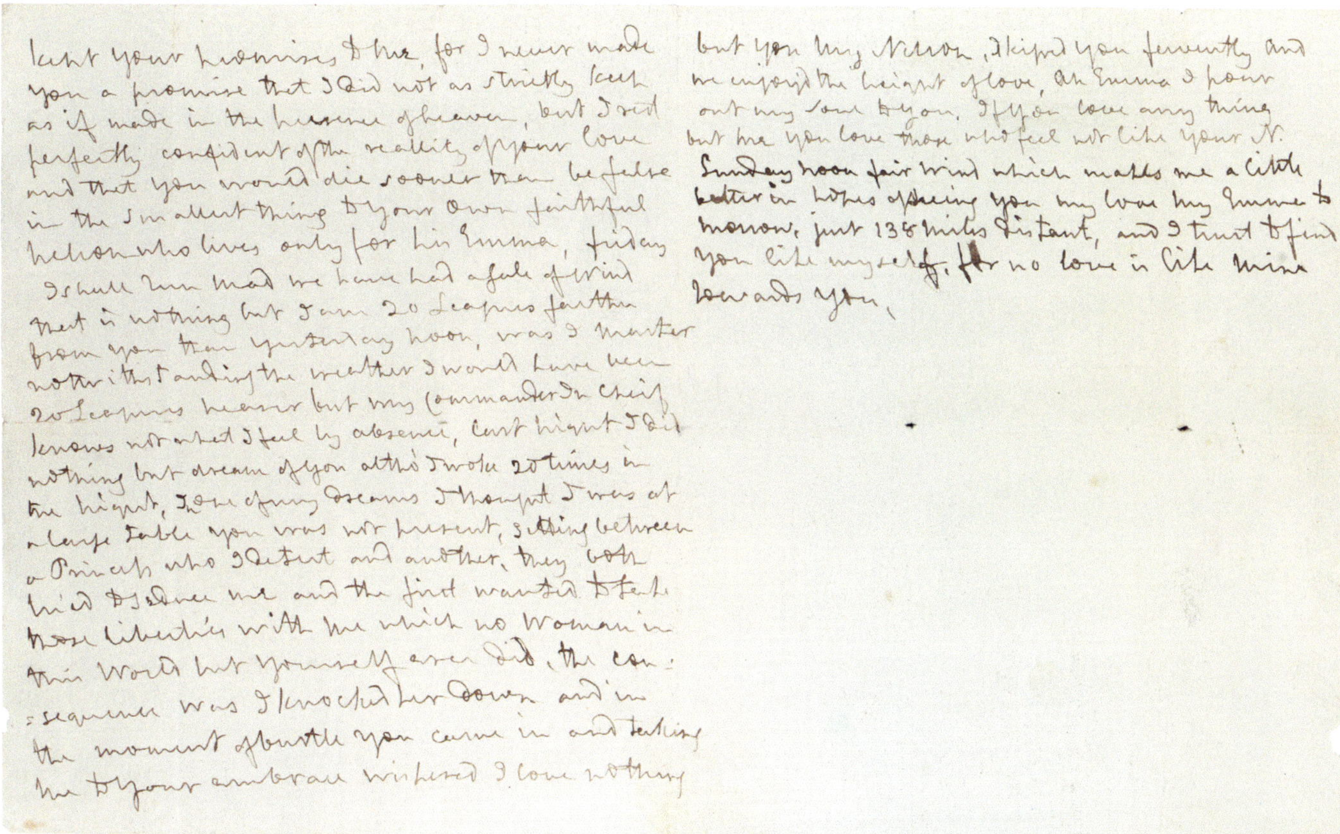
kept your promises to me, for I never made
you a promise that I did not as strictly keep
as if made in the presence of heaven, but I rest
perfectly confident of the reality of your love
and that you would die sooner than be false
in the smallest thing to your own faithful
Nelson who lives only for his Emma, friday
I shall run mad we have had a gale of wind
that is nothing but I am 20 Leagues farther
from you than yesterday noon, was I master
notwithstanding the weather I would have been
20 Leagues nearer but my Commander in Chief
knows not what I feel by absence, last night I did
nothing but dream of you altho' I woke 20 times in
the night, In one of my dreams I thought I was at
a large table you was not present, sitting between
a Princess who I detest and another, they both
tried to seduce me and the first wanted to take
those liberties with me which no Woman in
this World but yourself ever did, the con-
sequence was I knocked her down and in
the moment of bustle you came in and taking
me to your embrace whispered I love nothing
but you my Nelson, I kissed you fervently and
we enjoy'd the height of love, Ah Emma I pour
out my soul to you. If you love any thing
but me you love those who feel not like your N.
Sunday noon fair wind which makes me a little
better in hopes of seeing you my love my Emma to
morrow, just 138 miles distant, and I trust to find
you like myself, for no love is like mine
towards you,

Passionierter als dieser kann ein Liebesbrief kaum sein. Horatio Nelson (1758–1805) schreibt ihn seiner Geliebten Emma auf dem Weg nach Sizilien, wo er sich mit dem Kommandanten der britischen Flotte treffen soll. Der Admiral ist 42 Jahre alt. Er ist in Großbritannien ein bekannter Mann, und das macht sein Leben als Liebender nicht eben leicht. Verheiratet mit Fanny, geborene Nisbet, wird seine außereheliche Beziehung zu Emma Hamilton (1765–1815), aus einfachsten Verhältnissen stammend und dank ihrer Ehe mit dem britischen Botschafter in Neapel in vornehmste Kreise aufgestiegene Frau, zum Skandal. Die ehemalige Magd, die einst Amy Lyon hieß, und Nelson haben sich zwei Jahre zuvor kennengelernt, als er nach der Vernichtung der französischen Flotte bei Alexandria in Neapel einlief und begeistert empfangen wurde. Emma, die mit 18 als schönste Frau Europas galt, füttert den erschöpften und verwundeten Helden mit Eselsmilch. Ihre Liaison beginnt. Auch Emmas 35 Jahre älterer Ehemann Lord Hamilton ist dem Admiral sehr zugetan; dass seine Frau ein Verhältnis mit ihm hat, nimmt er gelassen hin. Zusammen gehen sie im Lauf der nächsten Jahre auf Reisen, das Dreiecksverhältnis selber wird nun zum Skandal. Ein Jahr nachdem Nelson seiner Angebeteten den Brief geschrieben hat, gebärt sie ihm eine Tochter, Horatia, und Nelson trennt sich von seiner todunglücklichen Frau. Emmas Mann hingegen wird viel Zeit mit den dreien auf einem Landgut bei London verbringen. 1803 stirbt Lord Hamilton. Den beiden zurückbleibenden Liebenden bleibt nicht mehr viel Zeit. Lord Nelson stirbt 1805 in der Schlacht von Trafalgar. Seine letzten Worte sollen „Gott sei Dank habe ich meine Pflicht erfüllt" gewesen sein.

Emma Hamilton verarmt nach Nelsons Tod vollständig. Ihre gemeinsame Tochter erhält später als „Adoptivtochter" Nelsons eine staatliche Rente, Emma nicht. Sie verschuldet sich, landet im Schuldgefängnis, flieht nach Calais und stirbt mit 50 Jahren an den Folgen ihrer Alkoholsucht. Lord Nelson hat Lady Hamilton während ihrer sieben Jahre währenden Liaison 1500 Briefe geschrieben. Der Liebesbrief vom 29. Januar 1800, der wegen der Schilderung eines erotischen Traumes zu großer Bekanntheit geriet, wurde 2003 für 117 000 Pfund an einen unbekannten privaten Sammler versteigert. *zdb* ➢

Linke Seite **Admiral Nelson im Jahr 1800, als er seiner Geliebten Emma diesen leidenschaftlichen Brief** *(oben)* **schrieb**

Emma Hamilton in ihren Zwanzigern.
Sie war nicht nur Lord Nelsons Geliebte,
sondern auch engste Freundin der Königin
Maria Karolina von Neapel-Sizilien

An Emma, Lady Hamilton, 29. Januar [1800]

Mittwoch, den 29. Januar. Von allem getrennt, was mir auf dieser Welt lieb und teuer ist, stehe ich vor der Frage, wozu das Leben, sofern man diese Form der Existenz denn so nennen will, noch gut ist. Erträglich ist eine solche Trennung nur, wenn der Dienst am Vaterland danach verlangt, nicht aber, wenn man sinnlos Zeit vergeudet. Doch weder Zeit noch Entfernung, meine geliebte Emma, kann meine Liebe und Zuneigung zu Euch schmälern, denn sie gründet auf den unverbrüchlichen Prinzipien der Ehre. Und so bleibt uns nur – und ich tue es unter größten Qualen – zu bedauern, dass wir nach den gestrengen Regeln dieser Welt nicht so unzertrennlich miteinander verbunden sein können, wie wir es in unserer Liebe tatsächlich sind. Habt Ihr Euren treuen Nelson nur weiterhin so lieb wie er seine Emma. Ihr seid der Stern, von dem ich mich leiten lasse, erfüllt Ihr die Wünsche und Sehnsüchte meines Herzens, auch wenn es mich das Leben kosten soll. Ich habe mein Wort gehalten, mich an keiner Ausschweifung zu beteiligen oder eine Nacht an Land zu verbringen.

Donnerstag, der 30. Januar. Vor sechs Tagen haben wir Livorno verlassen und noch immer keine Möglichkeit, Palermo anzulaufen. Für mich ist das schlimmer als der Tod. Und weil ich ständig an Euch denken muss, kann ich weder essen noch schlafen. Auch den Pudding rühre ich nicht an – Ihr wisst, warum. Lieber würde ich verhungern. Meine einzige Hoffnung ist, dass auch Ihr Euer Versprechen gehalten habt, denn ich habe Euch noch nie ein Versprechen gegeben, an das ich mich nicht so strikt gehalten hätte, als hätte ich es vor Gott abgelegt. Aber ich vertraue ganz auf Eure Liebe und darauf, dass Ihr lieber sterben würdet, als Euch selbst in den kleinsten Dingen Eurem treuen Nelson gegenüber unaufrichtig zu sein, der doch nur für seine Emma lebt.

Freitag. Ich fürchte, wahnsinnig zu werden. Wir hatten einen Sturm, der nicht der Rede wert wäre, aber nun bin ich zwanzig Wegstunden weiter von euch entfernt als noch gestern. Wäre ich Kommandant, wäre ich jetzt zwanzig Wegstunden näher, aber der Admiral weiß nicht, wie sehr Ihr mir fehlt. Letzte Nacht habe ich in einem fort von Euch geträumt, obwohl ich sicher zwanzig Mal aufgewacht bin. In einem der Träume meinte ich, in Eurer Abwesenheit an einer großen Tafel zwischen zwei Prinzessinnen zu sitzen, von denen ich eine nicht ausstehen konnte. Beide versuchten, mich zu verführen, und die, die ich verabscheute, wollte sich mir gegenüber Freiheiten herausnehmen, wie es außer Euch noch keine getan hat. Also habe ich sie niedergeschlagen, und als das Ganze im Chaos zu versinken drohte, betratet Ihr den Raum, nahmt mich in die Arme und flüstertet, wie sehr Ihr Euren Nelson liebt. Dann haben wir uns leidenschaftlich geküsst und die Wonnen der Liebe genossen. Ach, Emma, ich mache aus meinem Herzen keine Mördergrube. Wenn Eure Liebe nicht allein mir gilt, dann gilt sie auch solchen, die nicht so empfinden wie Euer N.

Sonntagmittag. Der Wind steht günstig, und ich bin zuversichtlich, Euch, meine liebe Emma, morgen in die Arme schließen zu können. Nur noch 138 Seemeilen, und ich vertraue darauf, dass Ihr das Wiedersehen so sehr herbeisehnt wie ich, denn keine Liebe gleicht meiner Liebe zu Euch.

Matrose John Morris an seine Angebetete Nancy New York, 1756

Der Liebesbrief eines Matrosen, der seine Adressatin nie erreicht hat

Nach wochenlanger Überfahrt im Oktober 1756 in New York angekommen, sehnt sich der Matrose John Morris nach seiner Liebsten. John ist kein geübter Schreiber, wie sein unsauberer Brief mit zahlreichen Fehlern und Korrekturen nahelegt. In seiner Liebeserklärung an „die geliebte Nancy" zitiert John die „Metamorphosen" Ovids, wie es zunächst scheint. Doch der Vergleich mit weitverbreiteten Stilratgebern zur Schreibkunst entlarvt Zitat und Brief als bloße Kopie. Aus heutiger Perspektive scheint Johns Liebesbrief damit kaum den Ansprüchen eines solchen zu genügen: Er ist nicht privat, nicht persönlich und keineswegs individuell. In seiner Zeit jedoch zeigt sich gerade hierin Johns Bemühen um Nancy, indem er Contenance wahrt, ihr Ansehen als respektable Frau zu schützen bemüht ist, und für seine persönlichen Zeilen eine Vorlage wählt, die an „Ladies und Gentlewomen" gerichtet ist.

Es ist weder Zufall noch Sparsamkeit, dass John die Zeilen an Nancy in einem Brief schreibt, der an eine „Miss Ann Tallmage" adressiert ist und sich zunächst an diese richtet. Mehr noch: Das Schreiben an Ann Tallmage trägt keine Anschrift, sondern ist einem Brief an „Mr Steven Robert" in London beigefügt. Mr. Robert und seine Frau werden ebenso wie Miss Ann über Johns wohlbehaltene Ankunft in New York informiert. John teilt den weiteren Verlauf seiner Reise mit und vermeldet, dass er der Gefahr, zum Militärdienst, der „Press", eingezogen zu werden, entgehen und künftig nicht mehr zur See fahren will. Schließlich verkündet er den Adressaten seine Hoffnung, dass Nancy ihn glücklich machen werde. Es ist nicht auszumachen, in welcher Beziehung Miss Ann oder Steven Robert und seine Frau zu Nancy standen. Sicher ist jedoch, dass John Bekannte und Freunde bewusst in sein Werben um Nancy und seine Hoffnung auf eine gemeinsame Zukunft einbezog.

Es bleibt zu wünschen, dass John und Nancy sich nach seiner Rückkehr wieder begegnet sind – denn Nancy hat die Briefe nie erhalten. Sie gehören zu jenen „Prisenpapieren", die auf gekaperten Schiffen als Dokumente gesichert und erst Anfang des 20. Jahrhunderts entdeckt wurden.

Christina Beckers

Für Steven Robert zur Hinterlegung
beim Schild des Kirschbaums
in der Kirschgartenstraße Reddrif
London
[?]

November, 3 1756
Virginia
Mrs Roberts, dieses Schreiben ist begleitet von meiner freundlichen Zuneigung für Euch, hoffend, dass Ihr und Eure Gattin bei guter Gesundheit ist [sic] wie ich selbst.
Ich bemühe Euch mit diesen fünf Zeilen, um Euch wissen zu lassen, dass wir am 31. Oktober sicher in York eingetroffen sind. Ich bitte Euch, übersendet Nancy meine Liebe und dass ich hoffe, in einigen Monaten wieder bei ihr zu sein. Obwohl ich so weit von ihr entfernt bin, ist mein Herz doch stets bei ihr. Und grüßt auch Eure Schwester Faen herzlich, und wir erwarten nicht, länger als 6 ~~Monate~~ Wochen im Land zu sein, denn wir stechen am 4. November von York aus in See nach Cumberland, und ich bin großer Hoffnung, der Press zu entgehen, denn ich werde sehr geschätzt von all dieser Gesellschaft, und wenn es dem Herrn gefällt, dass ich sicher nach London zurückkehre, hoffe ich, dass Nancy mich glücklich machen wird. Bitte empfehlen Sie mich allen Freunden. Henry Taylor möchte ebenfalls erinnert sein. Nichts weiter für den Moment.
Von Eurem liebenden Freund
John Morris

Rückseite:
Für
Miss Ann
Tall Mage

3. November 1756
Virginea
Fräulein Ann, dieses Schreiben ist begleitet von meiner freundlichen Zuneigung für Euch, hoffend, dass Ihr bei guter Gesundheit seid wie ich auch. Ich ergreife diese Gelegenheit, Euch wissen zu lassen, dass wir sicher in York eingetroffen sind.
Meine liebe Nancy, ich bin großer Hoffnung, dass ich der Press entgehe, und wenn es Gott gefällt, dass ich sicher nach London zurückkomme, hoffe ich, dass ich nie nicht mehr zur See fahren muss. Die Zauber Eures Antlitzes nahmen mich gefangen, sobald ich sie erblickte, und jene reine Anmut, die Euch alle anderen übertreffen lässt, ließ mich so gefangen. Doch meine geliebte Nancy, selbst da wir weit entfernt voneinander sind, seid Ihr doch stets in meinen Gedanken, darum nicht mehr für den Augenblick von Eurem ergebenen Diener
John Morris

Beryl Myatts Eltern an ihre Tochter September 1940

Linke Seite Beryl Myatt in ihrem Heimatort Hillingdon, ehe sie nach Kanada evakuiert wird, wo sie bei ihrer Tante leben soll.
Rechts Das Schreiben der Schule an Beryls Vater, in dem die Details zur Schiffspassage des Mädchens erläutert werden.
Darunter Die SS „City of Benares“, die am 17. September 1940 nach Torpedobeschuss mit fast allen Kindern untergeht

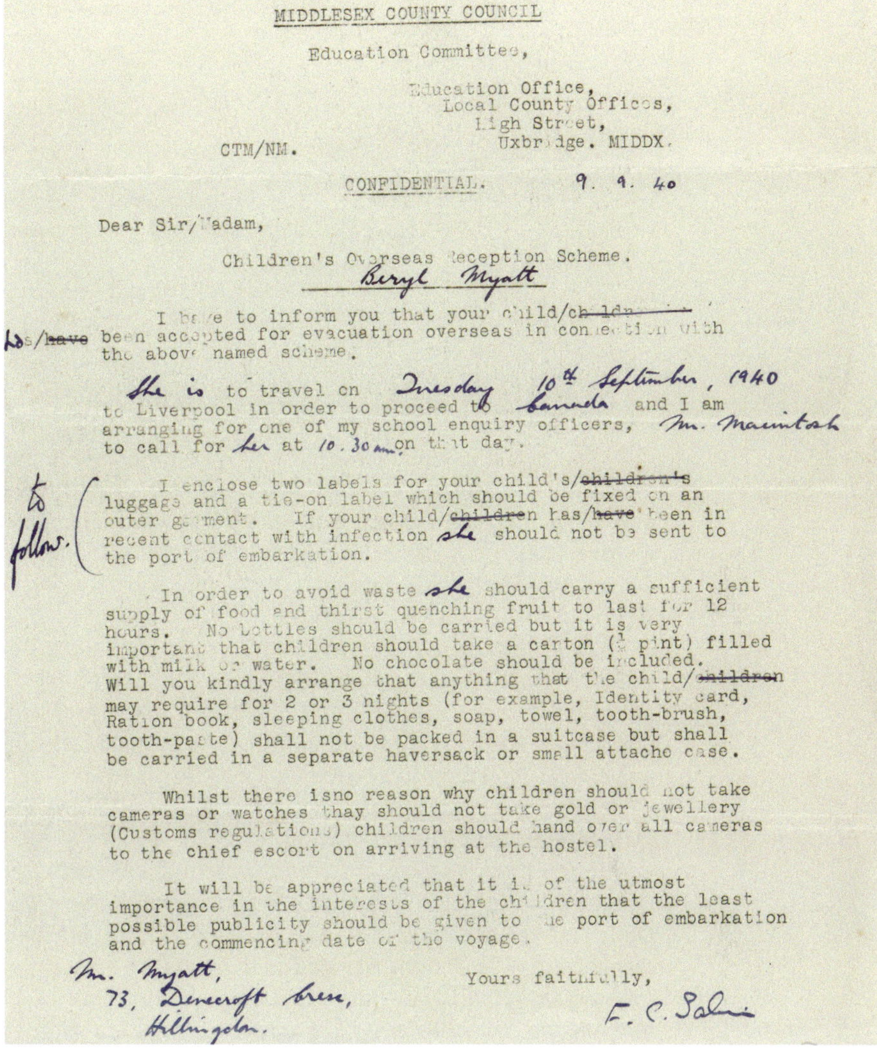

MIDDLESEX COUNTY COUNCIL

Education Committee,

Education Office,
Local County Offices,
High Street,
Uxbridge. MIDDX.

CTM/NM.

CONFIDENTIAL. 9. 9. 40

Dear Sir/Madam,

Children's Overseas Reception Scheme.
Beryl Myatt

I have to inform you that your child/~~children~~ has/~~have~~ been accepted for evacuation overseas in connection with the above named scheme.

She is to travel on Tuesday 10th September, 1940 to Liverpool in order to proceed to Canada and I am arranging for one of my school enquiry officers, Mr. Macintosh to call for her at 10.30 am. on that day.

to follow. (I enclose two labels for your child's/~~children's~~ luggage and a tie-on label which should be fixed on an outer garment. If your child/~~children~~ has/~~have~~ been in recent contact with infection she should not be sent to the port of embarkation.

In order to avoid waste she should carry a sufficient supply of food and thirst quenching fruit to last for 12 hours. No bottles should be carried but it is very important that children should take a carton (½ pint) filled with milk or water. No chocolate should be included. Will you kindly arrange that anything that the child/~~children~~ may require for 2 or 3 nights (for example, Identity card, Ration book, sleeping clothes, soap, towel, tooth-brush, tooth-paste) shall not be packed in a suitcase but shall be carried in a separate haversack or small attache case.

Whilst there isno reason why children should not take cameras or watches thay should not take gold or jewellery (Customs regulations) children should hand over all cameras to the chief escort on arriving at the hostel.

It will be appreciated that it is of the utmost importance in the interests of the children that the least possible publicity should be given to the port of embarkation and the commencing date of the voyage.

Mr. Myatt,
73, Denecroft Cres,
Hillingdon.

Yours faithfully,

F. C. Salmon

Sommer 1940, die britische Regierung plant angesichts der drohenden Invasion Nazideutschlands die Evakuierung Tausender Kinder nach Übersee, nach Südafrika, Neuseeland, Australien und Kanada. Unter ihnen ist Beryl Myatt aus Hillingdon bei London, ein neunjähriges Mädchen, von dem man nicht viel mehr weiß, als dass es liebend gerne ins Kino ging und viel las. Beryl hat einen Onkel und eine Tante in Winnipeg, Kanada. Am 9. September erhält ihr Vater die Bestätigung, dass seine kleine Tochter zu ihren Verwandten nach Kanada ausreisen darf. Schon am nächsten Tag geht Beryl mit 89 anderen Kindern in Liverpool an Bord der SS „City of Benares“, einem der 20 Schiffe, die, im Konvoi und von der Royal Navy eskortiert, den Atlantik überqueren werden. Das Wetter ist schlecht, viele Kinder sind seekrank, sie müssen in ihren Sicherheitswesten schlafen. Am 17. September – die „City of Benares“ befindet sich bei den Äußeren Hebriden, und man denkt, sie sei der größten Gefahrenzone entkommen – entdeckt der deutsche U-Boot-Kapitän Heinrich Bleichrodt das Schiff und beschießt es in der Nacht mit einem Torpedo. Die „City of Benares“ sinkt um 23 Uhr. Passagiere und Crew haben sich bei stürmischer See in die Beiboote gerettet. Als 24 Stunden später der britische Zerstörer HMS „Hurricane“ am Unglücksort eintrifft, kann die Mannschaft 105 Überlebende an Bord nehmen. 51 Passagiere und 122 Crewmitglieder, zum größten Teil Inder, bleiben verschollen. Von den 90 Kindern, die in Kanada ein Leben in Sicherheit führen sollten, ertrinken 73 im kalten Atlantikwasser. Auch Beryl Myatt stirbt in jener Nacht. Als Emmie und Tom Myatt ihrer Tochter einen zweiten Brief schreiben, den auch Familienhund Chummy mit seiner Pfote unterzeichnet hat, ist Beryl nicht mehr am Leben. Bis die Eltern das Kondolenzschreiben erreicht, dauert es weitere vier Tage. *zdb* ➢

Chummy lässt herzlich grüßen. Das ist sein Pfotenabdruck.

13 Denecroft Crescent
Hillingdon,
Middsx
England
21. September 1940

Liebste Beryl,

dies ist unser zweiter Brief an Dich, seit Du zu Deinem großen Abenteuer aufgebrochen bist, Liebes, und sicherlich warst Du überrascht, als Dich bei Deiner Ankuft bei Tante Emmie ein Brief und die neuesten Hefte von The Dandy und Sunny Stories erwarteten. Wir schicken sie Dir künftig jede Woche nach.

Wir hoffen, dass Du die weite Reise mit dem Schiff über den Atlantik und die lange Zugfahrt nach Winnipeg genossen hast. Einen Eisberg wirst Du kaum gesehen haben, denn dafür ist es in dieser Jahreszeit wohl zu warm. Wie wäre es, wenn du später einmal Krankenschwester werden und auf einem Ozeandampfer arbeiten würdest, Liebes?

Nun vergiss nicht, was wir Dir mit auf den Weg gegeben haben. Zeige Deiner Tante und Deinem Onkel, dass Du ihnen eine große Hilfe bist, und geh ihnen nach Kräften zur Hand, indem Du Besorgungen machst und Deiner Tante bei der Hausarbeit oder beim Backen hilfst. Vor allem halte Dein Zimmer sauber und hänge Deine Kleidung auf, wie es sich gehört. Damit zeigst Du ihnen, wie dankbar Du dafür bist, dass Du sie in einem der interessantesten Länder der Welt besuchen darfst – KANADA, die Heimat des Ahorns. Du erinnerst Dich doch, oder? „Das Ahornblatt steht für Kanada, die Rose für England, der Lauch für Wales, die Distel für Schottland und das Kleeblatt für Irland.“

In deiner Schule hast Du einmal ein Foto aufgenommen. Mama fragt, ob Du dich freuen würdest, wenn wir es Dir hinterherschicken. Sag uns einfach, wie Du darüber denkst, Liebes.

Wie geht es Pat und Sue? Wir hoffen, sie sind wohlauf und waren während der Reise nicht seekrank oder sonstwie eingeschränkt. Hier ist das Wetter immer noch recht gut – wie ist es bei Euch?

Liebes, bitte richte Deiner Tante und Deinem Onkel unsere Grüße aus, und wenn Du uns schreibst, musst Du unbedingt berichten, was du so treibst.

Hier lassen Dich alle herzlich grüßen. Zum Schluss noch die denkbar innigsten Grüße und Küsse. Gott segne Dich.

Mama und Papa

← Chummy sends his love. This is his paw mark.

73 Denecroft Crescent.
Hillingdon,
Middsx,
England
21st September 1940.

Our Dearest Beryl,

This is our second letter to you since you set out on your big adventure Dear, and we suppose you were very surprised when you arrived at Auntie Emmies to find a letter and your Dandy and Sunny Stories waiting there for you. We will send them each week.

We expect that you enjoyed your voyage on the boat across the wide Atlantic Ocean, and your long journey on the train to Winnipeg. We don't suppose you saw any icebergs during your voyage across, as it would hardly be quite cold enough at this time of the year. How

934-1811

CHILDREN'S OVERSEAS RECEPTION BOARD
45, BERKELEY STREET
LONDON
W.1

Replies to this communication should be addressed to the Director-General, quoting

MAx. 5334. D.11.

Telephone : Mayfair 8400.
Telegrams : Avoncorb, London.

Your reference............................

19th September, 1940.

Dear Mr. Myatt,

I am very distressed to inform you that in spite of all the precautions taken the ship carrying your child to Canada as torpedoed on Tuesday night, September 17th. I am afraid your child was not among those reported as rescued, and I am informed that there is no chance of there being any further lists of survivors from the torpedoed vessel.

The Children's Overseas Reception Board wishes me to convey its very deep sympathy with you in your bereavement. Like so many other parents you were anxious to send your child overseas to one of the Dominions to enjoy a happier and safer life. You courageously took this decision in the interest of your child, believing that this course was better than leaving the child here in a vulnerable area subject to continuous air raids. Hitherto there have been no casualties among the thousands of children sent overseas; Unhappily the course of the war has shown that neither by land nor sea can there be complete safety and all of us are subject to the risk whether we stay at home or proceed overseas.

As a parent I can realise the anguish that this letter must cause you and the great sadness which will be brought into your home. I should like to assure you how profoundly

I/

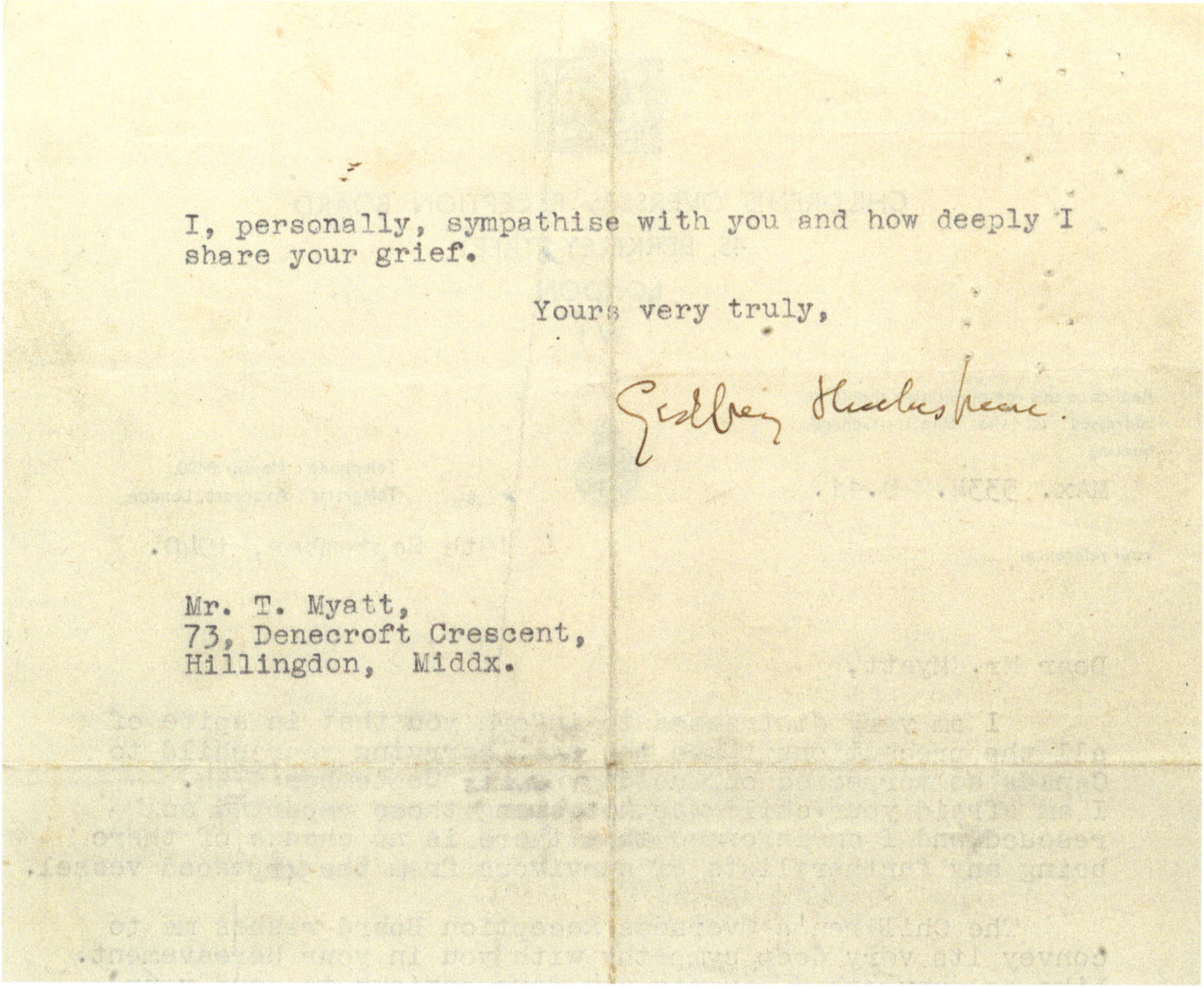

I, personally, sympathise with you and how deeply I share your grief.

Yours very truly,

Geoffrey Shakespeare.

Mr. T. Myatt,
73, Denecroft Crescent,
Hillingdon, Middx.

Linke Seite und oben **Kondolenzschreiben des Direktors des Kinderrettungsprogramms, Geoffrey Shakespeare, an die Familie Myatt.**
Links **Das deutsche U-Boot „U-48", das den Kindertransport versenkt hat, nach seiner Rückkehr in den Hafen**

Arend Schumacher an seine Frau Sara per Flaschenpost, 1875

Linke Seite Sara Schumacher mit der Besatzung der „Ebenezer“, 20 Jahre nach dem Unglück mit der „Maria Helena“. Die Kapitänsgattin segelte leidenschaftlich gern über die Weltmeere

Arend Schumacher (1837–1913) ist ein Mann, der sich mit Schiffsunglücken auskennt. Der Ostfriese aus Oldersum hat mehrere Schiffbrüche überlebt, einmal entkommt er als Einziger der Mannschaft dem Seemannstod. Oft fahren seine Frau Sara und die beiden kleinen Kinder auf seiner Kuff „Maria Helena“ mit. Auch auf die Fahrt nach Norwegen im September 1875 möchte Sara mit an Bord, doch die fünfjährige Hilkeline quengelt, dass sie sich nicht wieder in einer Kabine eingesperrt durchschaukeln lassen möchte, nachdem die letzte Fahrt die reinste Qual war. Also bleiben Sara und die Kinder zu Hause. Kapitän Schumacher belädt den Segler mit einer Ladung Petroleum in Holzfässern. Die Fracht soll von Bremerhaven nach Danzig gebracht werden. Am 23. September segelt er los, drei Tage später erreichen er und seine vierköpfige Crew die Nordspitze Dänemarks. Ein Orkan zieht auf, der Segler schlägt leck, bald schon steht das Wasser brusthoch im Raum. Schumacher weiß: Die Situation ist hoffnungslos. Er schreibt Frau und Kindern einen Abschiedsbrief und steckt ihn in eine Flasche, die er in der Kajüte deponiert. Der Morgen graut, das Wasser steht 1,80 Meter hoch, die Lage ist verzweifelt. Doch die Männer sehen eine Brigg, setzen Notsignale ab und werfen ein langes Tau ins Wasser, das von der Crew des anderen Schiffes aufgefischt werden soll – vergeblich. Ein Brecher bringt das Schiff zum Kentern, Schumacher hört die Schreie der Männer, die, angebunden ans Schiff, mit der „Maria Helena“ untergehen. Der Kapitän kann sich retten, indem er sich stundenlang am Kajütendach festklammert, bis ein schwedisches Segelschiff ihn aufnimmt. Ein dänischer Fischer findet die Flaschenpost, schickt sie an die deutsche Botschaft in Oslo, von wo aus der Brief seinen Weg zu Sara findet, die aber schon weiß, dass ihr Mann überlebt hat. Die beiden werden insgesamt sieben Kinder haben. Die Dramen hören aber nicht auf. Schumachers nächstes Schiff, die „Sara“, fährt unter einem anderen Kapitän. Auch sie geht samt Besatzung unter. Schumacher hat die „Sara“ nicht versichert. *zdb*

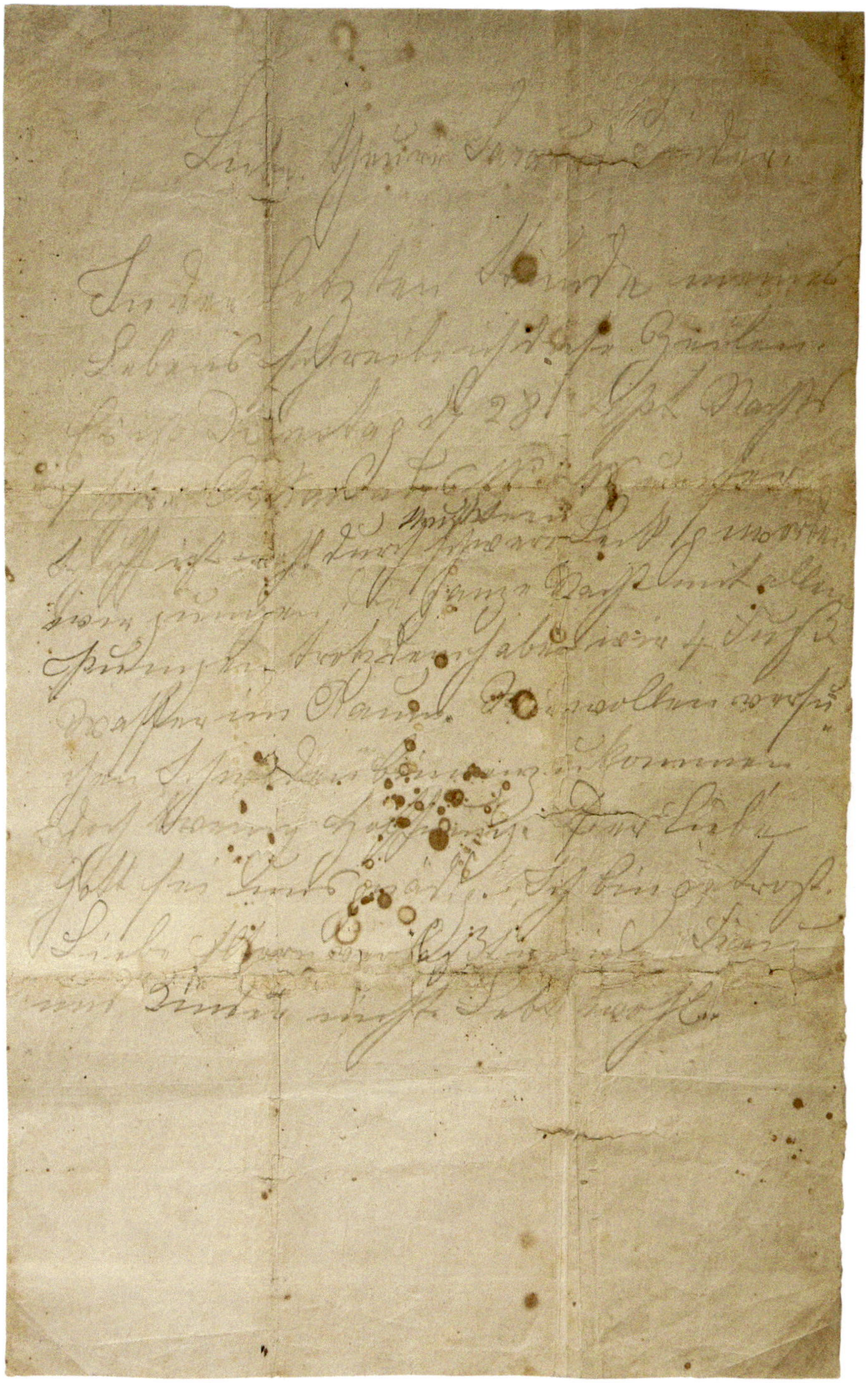

Liebe theure Sara und Kinder

In der letzten Stunde meines Lebens schreibe ich diese Zeilen. Es ist Dienstag d. 28. Sept. nachts 1 Uhr, Orkan aus WNW. Unser Schiff ist durch Sturzseen schwer leck geworden. Wir pumpen die ganze Nacht mit allen Pumpen, trotzdem haben wir 4 Fuß Wasser im Raum. Wir wollen versuchen, Schweden binnen zu kommen. Doch wenig Hoffnung. Der liebe Gott sei uns gnädig. Ich bin getrost. Liebe Eltern, verlasst meine Frau und Kinder nicht. Lebt wohl.

Joachim Ringelnatz an seine Frau Muschelkalk 22. April 1917

Linke Seite **Das Ehepaar Ringelnatz, 1933.**
Oben **„Auf dem Kohledampfer", Gemälde von Joachim Ringelnatz, 1926**

Die Ostpreußin Leonharda Pieper (1898–1977) ist 19, als sie den Brief ihres 15 Jahre älteren Freundes Joachim Ringelnatz (1883–1934) erhält. Den Kosenamen „Muschelkalk" wird sie als ihren offiziellen annehmen und sich nach der Heirat Muschelkalk Ringelnatz nennen. Sprache und Sprachspiele spielen bei den beiden immer eine wichtige Rolle: sie die Englisch- und Französischlehrerin, die als Übersetzerin arbeitet, er der Dichter mit der Liebe zum Skurrilen. Zu Kriegsbeginn hat Ringelnatz sich freiwillig zur Marine gemeldet, wie viele Intellektuelle anfangs noch kriegsbegeistert und auf der Suche nach dem Abenteuer. 1917 war er Kommandant eines Minensuchboots in Cuxhaven, da ist er schon sehr viel kritischer geworden. Er übersteht den Krieg unbeschadet. 1920 heiraten die beiden und ziehen als Schwarzmieter nach München, zehn Jahre später nach Berlin, Ringelnatz tritt in Cabarets auf. 1933 erteilen ihm die Nationalsozialisten Bühnenverbot, seine Bücher werden verbrannt. Muschelkalk und er leben in Armut, weil die Auftritte als Einnahmequelle fehlen, Ringelnatz stirbt bald an Tuberkulose. Muschelkalk heiratet 1939 einen langjährigen Freund, der aber auch bald stirbt. Sie übersetzt Bücher und kümmert sich um den Nachlass von Ringelnatz. Viele der Ringelnatz'schen Briefe sind im Zweiten Weltkrieg verbrannt, so auch der aus Cuxhaven. Ein Durchschlag einer maschinengeschriebenen Abschrift ist aber erhalten geblieben. *zdb*

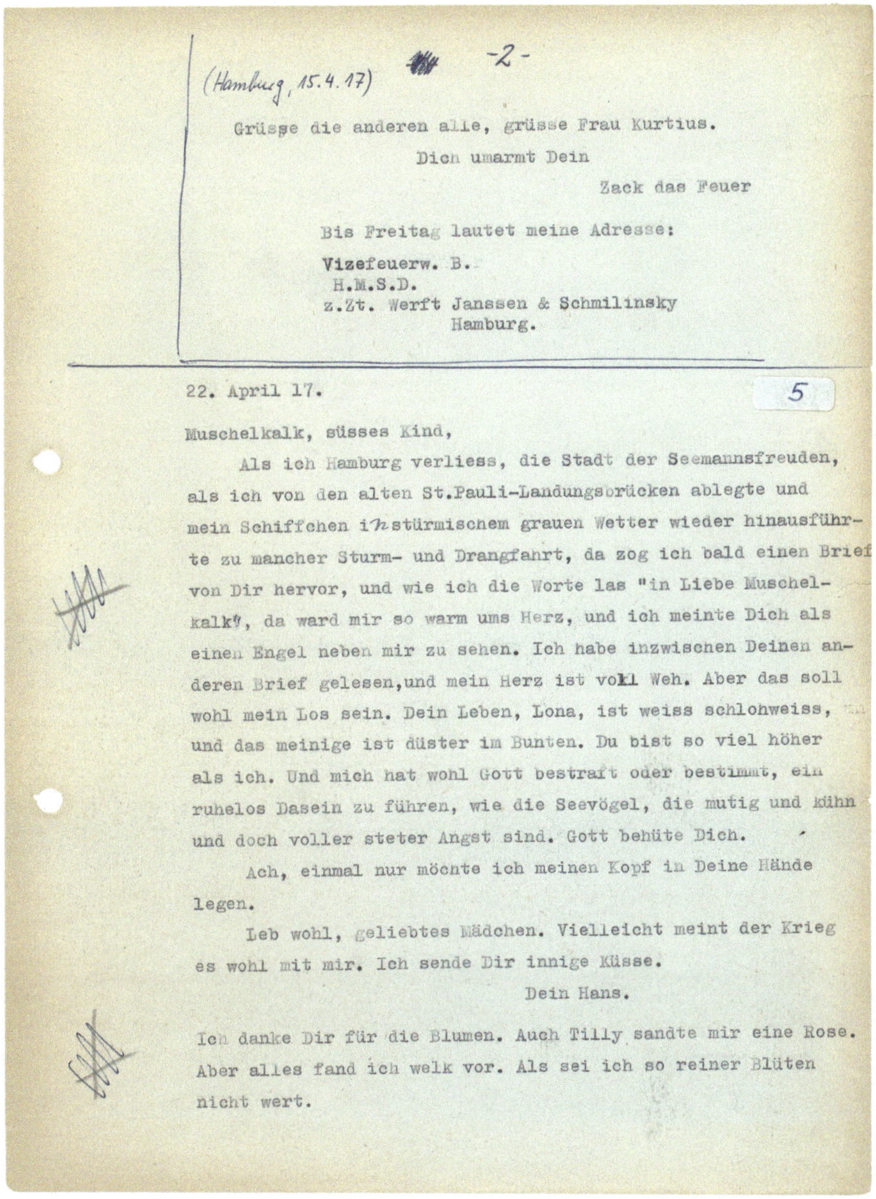

(Hamburg, 15.4.17) -2-

Grüsse die anderen alle, grüsse Frau Kurtius.
Dich umarmt Dein
Zack das Feuer

Bis Freitag lautet meine Adresse:
Vizefeuerw. B.
H.M.S.D.
z.Zt. Werft Janssen & Schmilinsky
Hamburg.

22. April 17. 5

Muschelkalk, süsses Kind,

Als ich Hamburg verliess, die Stadt der Seemannsfreuden, als ich von den alten St.Pauli-Landungsbrücken ablegte und mein Schiffchen in stürmischem grauen Wetter wieder hinausführte zu mancher Sturm- und Drangfahrt, da zog ich bald einen Brief von Dir hervor, und wie ich die Worte las "in Liebe Muschelkalk", da ward mir so warm ums Herz, und ich meinte Dich als einen Engel neben mir zu sehen. Ich habe inzwischen Deinen anderen Brief gelesen,und mein Herz ist voll Weh. Aber das soll wohl mein Los sein. Dein Leben, Lona, ist weiss schlohweiss, und das meinige ist düster im Bunten. Du bist so viel höher als ich. Und mich hat wohl Gott bestraft oder bestimmt, ein ruhelos Dasein zu führen, wie die Seevögel, die mutig und kühn und doch voller steter Angst sind. Gott behüte Dich.

Ach, einmal nur möchte ich meinen Kopf in Deine Hände legen.

Leb wohl, geliebtes Mädchen. Vielleicht meint der Krieg es wohl mit mir. Ich sende Dir innige Küsse.

Dein Hans.

Ich danke Dir für die Blumen. Auch Tilly sandte mir eine Rose. Aber alles fand ich welk vor. Als sei ich so reiner Blüten nicht wert.

Muschelkalk, süßes Kind,

als ich Hamburg verließ, die Stadt der Seemannsfreuden, als ich von den alten St. Pauli-Landungsbrücken ablegte und mein Schiffchen in stürmischem grauem Wetter wieder hinausführte zu mancher Sturm- und Drangfahrt, da zog ich bald einen Brief von Dir hervor, und wie ich die Worte las „in Liebe Muschelkalk", da ward mir so warm ums Herz, und ich meinte Dich als einen Engel neben mir zu sehen. Ich habe inzwischen Deinen anderen Brief gelesen, und mein Herz ist voll Weh. Aber das soll wohl mein Los sein. Dein Leben, Lona, ist weiß, schlohweiß, und das meinige ist düster im Bunten. Du bist so viel höher als ich. Und mich hat wohl Gott bestraft oder bestimmt, ein ruheloses Dasein zu führen, wie die Seevögel, die mutig und kühn und doch voller steter Angst sind. Gott behüte Dich.
Ach, einmal nur möchte ich meinen Kopf in Deine Hände legen.
Leb wohl, geliebtes Mädchen. Vielleicht meint der Krieg es wohl mit mir. Ich sende Dir innige Küsse.

Dein Hans.

Ich danke Dir für die Blumen. Auch Tilly sandte mir eine Rose. Aber alles fand ich welk vor. Als sei ich so reiner Blüten nicht wert.

Robert F. Scott an Kathleen Scott Südpol, 1912

Robert Falcon Scott im Oktober 1911, kurz bevor der Entdecker und seine Männer den Marsch zum Südpol mit Motorschlitten und Ponys beginnen

Wie schreibt man einen Brief, von dem man weiß, dass es der letzte an die geliebte Person sein wird? Robert Falcon Scott (1868–1912) entscheidet sich für einen langen, vernünftigen Abschiedsbrief an seine Frau Kathleen (1878–1947), der nicht nur an die Vergangenheit und die Liebe erinnert, sondern auch die Zukunft der Hinterbliebenen plant. Er weiß, er wird sterben. Sein großes Projekt, als erster Mensch den Südpol zu erreichen, ist gescheitert. Scott hat die Reise jahrelang vorbereitet. Er und seine vier Begleiter erreichen den Südpol tatsächlich am 17. Januar 1912, müssen aber feststellen, dass die Flagge des norwegischen Entdeckers Roald Amundsen schon vier Wochen vorher ins Eis gesteckt worden ist. Die fünf Männer sind enttäuscht und erschöpft, als sie sich bald darauf auf ihren 1300 Kilometer langen Rückweg zum Basislager machen. Sie haben einen Monat später die Hälfte der Strecke bewältigt, als der erste von Scotts Begleitern stirbt, vier Wochen später der zweite, er geht während eines Blizzards ins Eis, um seinem Leben ein Ende zu setzen, eine Tat, die Scott mit Hochachtung vermerkt. Wahrscheinlich ist es der 29. März 1912, an dem auch Scott und die letzten beiden Männer vor Erschöpfung erfrieren. Ein halbes Jahr später werden ihre Leichen gefunden, mit einer Zeltplane bedeckt, worüber ein Schneehügel errichtet wird. Scott hat nicht nur seiner Frau einen Brief geschrieben, sondern auch eine „Nachricht an die Öffentlichkeit", worin er die Expedition gerechtfertigt und das Scheitern erklärt hat. Scotts Frau Kathleen, eine prominente Bildhauerin, der man auch eine Affäre mit dem Polarforscher Fridtjof Nansen nachsagte, heiratet 1922 den Politiker Hilton Young. Der einzige Sohn der Scotts, Peter Markham, erbt von der Mutter die künstlerische Ader und vom Vater die Abenteuerlust und die Liebe zur Natur: Er wird Maler, nimmt an Segelregatten teil und wird britischer Meister im Segelfliegen. 1961 wird der Ornithologe zum Mitbegründer des World Wildlife Fund (WWF). *zdb*

An: Meine Witwe

Liebste – wir befinden uns in einer schier ausweglosen Lage, und ich fürchte, dass wir es nicht schaffen werden. – Ich nutze die wenige Wärme der kurzen Mittagsstunden, um in Erwartung eines möglichen Endes einige Briefe zu schreiben – der erste geht selbstverständlich an Dich, der nahezu jeder meiner Gedanken gewidmet ist, ob im Wachen oder im Schlafen. – Falls mir etwas geschieht, so sollst Du wissen, wie viel Du mir bedeutet hast und dass freudige Erinnerungen mich begleiten, wenn ich diese Welt verlasse. –

Ich hoffe sehr, Du mögest einigen Trost in der Tatsache finden, dass ich diese Welt ohne zu leiden in Ausübung meiner Pflicht und voller Gesundheit und Energie verlassen habe – es ist bereits beschlossen: Wenn der Proviant zu Ende geht, werden wir einfach ganz in der Nähe einer unserer Versorgungsstationen unser Lager aufschlagen. Deshalb darfst Du Dir keine große Tragödie vorstellen – wir sind selbstverständlich äußerst beunruhigt, und das seit Wochen, jedoch in hervorragender körperlicher Verfassung, und unser Appetit entschädigt für alle Unannehmlichkeiten. Die Kälte ist beißend und zeitweise äußerst ärgerlich, doch unsere wunderbar köstlichen warmen Mahlzeiten können sie vertreiben, sodass wir nur schwerlich auf sie verzichten mögen.

Seit meinen letzten Zeilen ist es beträchtlich mit uns bergab gegangen. Der arme Titus Oates ist von uns gegangen – er war in einer schrecklichen Verfassung – wir anderen gehen weiter und glauben fest daran, dass wir eine Chance haben, aber das kalte Wetter hält an – wir befinden uns nur 20 Meilen von einer Versorgungsstation entfernt, doch unser Vorrat an Proviant und Brennstoff ist so gut wie aufgebraucht.

Nun, mein Herz, ich möchte, dass Du diese Angelegenheit ganz vernünftig betrachtest – der Junge wird Dir ein Trost sein. Ich hatte mich darauf gefreut, Dir bei seiner Erziehung zur Hand zu gehen, aber es erfüllt mich mit Freude und Genugtuung, zu wissen, dass er bei Dir sicher ist. Ihr beide solltet von unserem Land, für welches wir alle beispielhaft und tapfer unser Leben gegeben haben, mit besonderer Fürsorge bedacht werden – ich werde zu diesem Zweck einige weitere Briefe schreiben und hinter diesen ans Ende dieses Buches packen. Würdest Du sie bitte an die jeweiligen Adressaten verschicken?

Ich muss dem Jungen einen Brief schreiben, wenn ich die Zeit finde, damit er ihn lesen kann, wenn er groß ist – meine Liebste, bitte verschwende keine sentimentalen Gefühle an die Frage, ob Du noch einmal heiraten solltest – wenn der richtige Mann bereit ist, Dir zur Seite zu stehen, sollst Du wieder glücklich werden. – Ich hoffe, dass ich Dir in guter Erinnerung bin, ganz sicher ist dieses Ende nichts, wofür Du Dich schämen musst, und ich stelle mir vor, dass ich dem Jungen ein Vater war, auf den er stolz sein wird.

Meine Liebste, es fällt mir nicht leicht zu schreiben in dieser Kälte – 70 Grad unter null und nichts als die Plane unseres Zeltes zum Schutz – Du weißt, ich habe Dich geliebt, Du weißt, dass meine Gedanken immer bei Dir waren, und wahrhaftig, Du sollst wissen, das Schlimmste an dieser Lage ist der Gedanke, dass ich Dich niemals wiedersehen werde. – Wir müssen uns dem Unausweichlichen stellen. – Du hast mich dazu gedrängt, der Anführer dieser Expedition zu werden, und ich weiß, Du hast geahnt, dass es gefährlich sein würde – ich habe meine Aufgabe erfüllt, nicht wahr? Gott segne Dich, meine Liebste, ich werde später versuchen, mehr zu schreiben – ich schreibe auf den Rückseiten weiter.

Seit meinen letzten Zeilen sind wir bis auf 11 Meilen an die Versorgungsstation herangekommen mit einer warmen Mahlzeit und zwei Tagen kalter Mahlzeiten, und wir hätten sie bereits erreichen müssen, doch wir

To my widow

Dearest darling – we are in a very tight corner and I have doubts of pulling through – In our short lunch hours I take advantage of a very small measure of warmth to write letters preparatory to a possible end – The first is naturally to you on whom my thoughts mostly dwell waking or sleeping – If anything happens to me I shall like you to know how much you have meant to me and that pleasant recollections are with me as I depart –

I should like you to take what comfort you can from these facts also – I shall not have suffered any pain but leave the world fresh from harness & full of good health & vigour – this is decided already when provisions come to an end we simply stop unless we are within easy distance of another depot – Therefore you must not imagine a great tragedy – we are very anxious of course & have been for weeks but our splendid physical condition and our appetites compensate for all discomfort The cold is biting & sometimes angering but here again ~~with~~ the

Die Bildhauerin Kathleen Scott und ihr Sohn Peter Markham im November 1913. Da ist Robert Scott bereits zum Nationalhelden avanciert. Die Position von Scotts Grab ist nur ungefähr bekannt

sitzen seit vier Tagen in einem schrecklichen Sturm fest – ich glaube, unsere Chance ist vertan, wir haben beschlossen, uns nicht selbst zu töten, sondern bis zum Ende darum zu kämpfen, die Station zu erreichen, doch dieser Kampf bringt ein schmerzfreies Ende, also sorge Dich nicht.

Ich habe Briefe auf die rechten Seiten dieses Buches geschrieben – würdest du dafür sorgen, dass sie versendet werden? Du siehst, wie wichtig mir Deine und die Zukunft des Jungen ist – erwecke sein Interesse für die Naturgeschichte, wenn es Dir möglich ist, das ist besser als zu spielen – einige Schulen fördern dies – ich weiß, Du wirst ihn viel an die frische Luft bringen – bemühe Dich, den Glauben an einen Gott in ihm zu wecken, es spendet Trost. O welch Träume hegte ich von seiner Zukunft, und doch, mein liebes Mädchen, weiß ich, dass Du es stoisch ertragen wirst – man wird Dein Bildnis und das des Jungen an meiner Brust finden und das in der kleinen roten marokkanischen Schachtel, die mir Lady Baxter gegeben hat. –

In meinem Sack befindet sich ein Stück unserer Flagge, die ich am Südpol aufgestellt habe, und auch ein Stück von Amundsens schwarzer Flagge und andere Kleinigkeiten – überreiche ein kleines Stück unserer Flagge dem König und ein kleines Stück Königin Alexandra und behalte den Rest als traurige Trophäe! –

Was könnte ich Dir alles von dieser Reise berichten. Wie viel besser es war, als gemütlich zu Hause zu sitzen – was für Geschichten Du dem Jungen erzählen könntest, aber um welchen Preis – den Anblick Deines lieben, lieben Antlitzes. – Meine Liebste, Du wirst gut zu der alten Mutter sein. Ich schreibe ihr ein paar Zeilen in dieses Buch. Bleibe auch in Kontakt mit Ettie und den anderen – o, aber Du wirst Dich in der Welt gegenüber tapfer zeigen – doch sei nicht zu stolz, um des Jungen willen Hilfe anzunehmen – er soll eine glänzende Laufbahn einschlagen und etwas in der Welt bewirken.

Ich habe nicht die Zeit, an Sir Clements zu schreiben – sag ihm, ich habe ihn sehr geschätzt und niemals bedauert, dass er mir die Leitung der Expedition übertragen hat. – Überbringe meine Abschiedsgrüße an Lady Baxter und Lady Sandhurst, bewahre Dir ihre Freundschaft, denn beide sind wunderbare Damen & auch an die Reginald Smiths.

Vita Sackville-West an Virginia Woolf auf dem Weg nach Persien, 1926 und 1927

Linke Seite **Virginia Woolf, 1902. Mit „Wellen“ hat die Schriftstellerin einen der großen Romane des 20. Jahrhunderts geschaffen**

Vita Sackville-West, 1912. Sie hat mehr als 50 Romane geschrieben, ist heute aber bekannter als die Gestalterin des Gartens von Sissinghurst Castle

Die Liebes- und Freundschaftsgeschichte von Virginia Woolf (1882–1948) und Vita Sackville-West (1892–1962) beginnt 1922. Woolf ist 40 Jahre alt und eine anerkannte Schriftstellerin, als sie die zehn Jahre jüngere Sackville-West kennenlernt, die aus großbürgerlichen Verhältnissen stammt und ebenfalls Romane veröffentlicht. Die Liaison ist kein Geheimnis, beide Ehemänner wissen davon, zumal alle Beteiligten offene Ehen führen, Vitas Mann selbst homosexuell ist und die physische Attraktion sowieso nicht das Entscheidende in dem Verhältnis zwischen den beiden Frauen ist, was ihrer Liebe keinen Abbruch tut. Vita nennt ihre Liebe zu Virginia „eine seelische Sache, eine geistige Sache“ und bestätigt ihrem Ehemann schriftlich, dass sie nur zweimal mit Virginia geschlafen habe. Für die beiden Frauen wird das Schreiben selbst zu einem ihrer Themen. Vita wird denn auch als Vorbild für Orlando in Woolfs gleichnamigem Roman eingehen. Vitas Ehemann Harold Nicolson ist für mehrere Jahre Gesandtschaftsrat in der britischen Botschaft in Teheran, 1927 reist Vita zum zweiten Mal zu ihm nach Persien, und wie schon im Jahr zuvor wird die Sehnsucht nach Virginia mit jeder Meile, die sich Vita von England entfernt, größer. Die beiden könnten unterschiedlicher kaum sein: Virginia Woolf, die mit dem Leben hadert und kaum reist, Vita Sackville-West, die Lebefrau, die mutig die größten Reisen unternimmt und sich den Abenteuern (auch den libidinösen) in die Arme wirft. Die Bewunderung beider füreinander lebt gerade von diesen Unterschieden. Der Briefwechsel der beiden Frauen besteht aus Hunderten von Briefen und findet erst mit Woolfs Suizid 1941 ein Ende. *zdb* ➢

British India Steam Navigation Co., Ltd.
S. S. „Varela“
23. Februar [1926]

[…] Die witzige Sache ist, dass Du der einzige Mensch bist, den ich jemals wirklich gekannt habe, der über den eher gewöhnlichen lustigen Seiten des Lebens stand. Und ich frage mich, ob Du dabei etwas verlierst oder gewinnst? Ich bilde mir ein, dass Du dabei gewinnst – Du *Virginia –, weil du so beschaffen bist und einen ausreichenden Fundus an Aufregungen in dir selbst trägst, wenn ich mir auch nicht vorstellen kann, dass es für irgendjemand anderen ein Vorteil wäre. Ich fühle mit Proust, „Il faut avoir passé par là“. Du wirst sagen, dass du das hast. Aber nicht genau auf die Art, die ich meine. (Du denkst sicher, dass ich ständig versuche, Dich von Deinem Sockel herunterzuziehen, aber in Wirklichkeit mag ich Dich am liebsten da oben. Es würde nur Spaß machen, Dich ein einziges Mal zu verpflanzen, mit Sockel und allem …)*
Nein, ich meine das nicht wirklich. Was ich wirklich gern tun würde, ist, Dich zu einem absurd romantischen Ort zu bringen – ein eitler Traum, schade! Was wäre mit Leonard und dem Verlag – nebenbei, mit romantisch meine ich Persien oder China, nicht Tintagel oder Kergarnec. O, was wäre das für ein Spaß, und Virginias Augen würden runder und runder, und schließlich würde alles herausfließen wie Wasser aus einem Sparklets-Syphon, in wunderschöne sprudelnde Perlen verwandelt.
Aber ich schreibe Unsinn, und überhaupt kann dieser Brief nicht eher als in Bagdad abgeschickt werden. So dass Du zwei auf einmal bekommen wirst, und das wird langweilig sein.

Gute Nacht, geliebte und ferne Virginia
V.

London—Dover [28. Januar 1927]

Mein Liebling, es schaukelt so, dass ich kaum schreiben kann, wir rasen durch meinen Weald –siehe Passenger to Teheran, *Kap. 2 passim). Seltsam, nach einem Jahr noch einmal die gleichen Gefühle zu durchleben – aber, ach,* schlimmer, *was Dich betrifft. Ich schimpfe und fluche wirklich über diesen Schmerz – und doch würde ich ihn um nichts in der Welt missen wollen. – Ich werde dich in Erinnerung behalten, wie Du mit Deiner blauen Schürze da stehst und winkst. O, verdammt, Virginia, ich wünschte, ich würde Dich nicht so sehr lieben. Nein, das tue ich nicht; das ist nicht wahr. Ich bin froh, dass ich es tue. Ich weiß nicht, was ich Dir sagen soll, außer, dass mir der Abschied von Dir das Herz aus dem Leibe gerissen hat. – Ich bin dankbar, den gestrigen Tag gehabt zu haben, ein wahres Geschenk der Götter. – Ach, mein Liebling, Du* hast *mich so glücklich gemacht, und ich segne Dich dafür – und ich sollte jetzt nicht murren – oder? Aber mir ist wirklich elend zumute. – Du wirst diesen Brief nicht lesen können. – Ich schicke Dir von Victoria aus ein Telegramm –*

Deine
V.

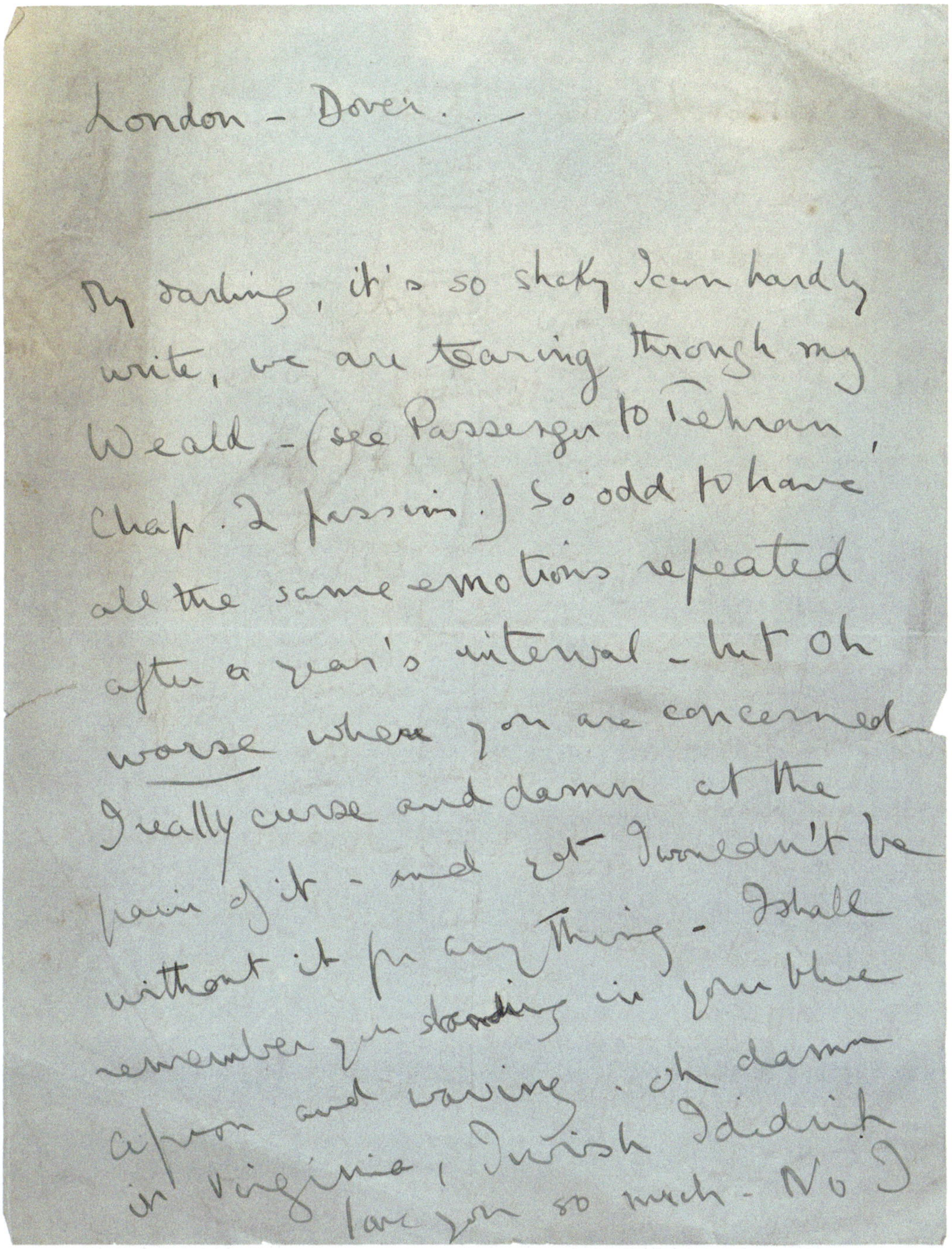

London - Dover.

My darling, it's so shaky I can hardly write, we are tearing through my Weald - (see Passenger to Teheran, Chap. 2 passim.) So odd to have all the same emotions repeated after a year's interval - but oh worse where you are concerned. I really curse and damn at the pain of it - and yet I wouldn't be without it for anything - I shall remember you standing in your blue apron and waving. oh damn Virginia, I wish I didn't love you so much - No I

1927 verlässt Vita Sackville-West England wieder, um nach Persien zu reisen, ein Jahr nach der ersten Fahrt, diesmal aber über Moskau und nicht durch den Persischen Golf

Die Idee zu diesem Artikel entstand durch das im mareverlag veröffentlichte Buch „Die Polarfahrt" von Hampton Sides, das von Robert Mast übersetzt wurde. Der Autor hat nicht nur die ungeheuer dramatische Fahrt des Forschers George DeLong beschrieben, sondern auch viele Briefe des Ehepaars DeLong in sein Buch eingebaut. Die darauffolgende Suche nach Liebesbriefen, die übers Meer geschickt wurden, war aufwendiger als gedacht. Vor allem stellte sich das Problem der Auswahl, die möglichst vielfältige Aspekte der Liebe und des Schreibens zeigen sollte. Eines hat sich gezeigt: Es ist höchst bedauerlich, dass das Zeitalter des Briefeschreibens vorbei ist. Aber die Briefschätze, die hier gezeigt werden, sind in den Archiven dieser Welt gut aufgehoben.

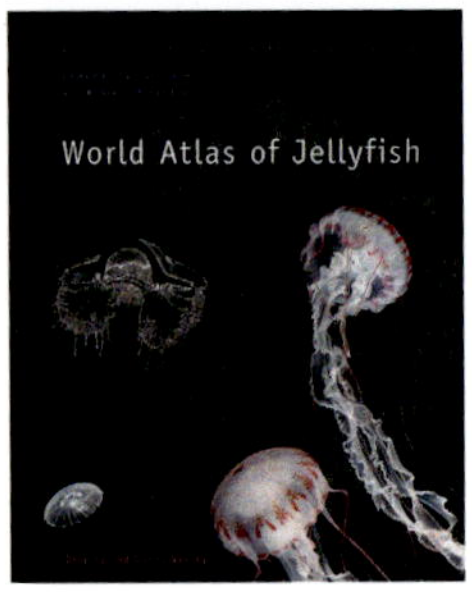

Gerhard Jarms und
André C. Morandini (Hrsg.):
„World Atlas of Jellyfish“,
Abhandlungen des Naturwissenschaftlichen Vereins in Hamburg, englischsprachige Ausgabe, Dölling und Galitz, Hamburg, 816 Seiten, 1250 Abbildungen, 99 Euro

Medusen übernehmen die Welt

Sechs Jahre Arbeit stecken in diesem englischsprachigen Mammutwerk, das alle bekannten Quallenarten vorstellt

SECHS JAHRE HAT ES GEDAUERT, dieses opulente und zugleich ästhetische Werk zu vollenden. Eigentlich wollte Gerhard Jarms, weltweit anerkannter Medusenspezialist und einer der Herausgeber, schon 2013 fertig sein – mit Beginn seines Ruhestands. Das erzählt er mit sarkastischem Unterton zur Buchpräsentation an seiner ehemaligen Arbeitsstätte, dem Centrum für Naturkunde der Universität Hamburg. Die Vielfalt seiner Forschungsobjekte zwischen zwei Buchdeckel zu pressen war dann doch aufwendiger als gedacht. Nun aber haben alle der rund 260 weltweit bekannten Medusenarten ihren Platz in dem kiloschweren Nachschlagewerk gefunden.

Viele Arten hat „Dr. Qualle“, so der Spitzname des Meeresforschers Jarms, selbst entdeckt und erstmals beschrieben. Darunter eine kleine Würfelqualle, die er nach seinem Kollegen und Co-Autor André C. Morandini benannte. „Darüber bin ich sehr glücklich“, versichert der brasilianische Biologe, der zur Veröffentlichung ihres Gemeinschaftswerks eigens aus seiner Heimat anreiste. Auf die Frage, ob der Nesseltierprofessor von der Universität São Paulo über die Benennung glücklich sei, weil sich unter den Würfelquallen eines der giftigsten Tiere des Planeten befände, lächelt er verschmitzt. Dieses Tier ist die Seewespe. Ihr Gift reicht aus, um 250 Menschen zu töten. Zum Glück sind nicht alle Quallen so – im Gegenteil, meist sind sie für Menschen harmlos.

Die akribische Arbeit, alle Arten vorzustellen, wurde überwiegend ehrenamtlich geleistet und von Experten weltweit unterstützt. Dabei ist der „Weltatlas der Quallen“ ausdrücklich auch für Nichtzoologen geschrieben, etwa für Taucher, Fotografen oder Mediziner, die mehr über die seltsamen Wesen wissen wollen. Was der Laie oft als „glibberig“ oder gar „eklig“ beschreibt, sind für Wissenschaftler „perfekt an das Leben im Meer angepasste Tiere, die sich harmonisch bewegen“. Und das seit erdgeschichtlich langer Zeit, wie 200 Millionen Jahre alte Fossilien im Solnhofener Plattenkalk belegen. Dabei gibt es noch ältere, 550 Millionen Jahre alt. Durch Aufklärung hofft Jarms, die Abneigung in Verständnis wandeln zu können.

Zahlreiche Abbildungen schmücken den Atlas, darunter auch erstmals veröffentlichte Zeichnungen Ernst Haeckels. Der große Naturforscher hatte für seine Monografie über Medusen die entsprechenden Fänge einer Tiefsee-Expedition in den 1870er-Jahren ausgewertet. „150 Jahre nach Erscheinen von Haeckels Klassiker bedurfte es dringend einer Aktualisierung“, sagte Morandini. Und die wird auch in Zukunft nötig sein: Inzwischen wurden nämlich neun weitere Arten entdeckt.

Monika Rößiger

Junge *Cassiopea andromeda* **(oben) und eine** *Phacellophora camtschatica* **(rechts)**

Annika Siems, Wolfgang Dreyer:
„Eine Reise in die geheimnisvolle Tiefsee",
Prestel, München, 2019,
96 Seiten, 25 Euro

Das Leuchten der Tiefe

Eine Illustratorin und ein Wissenschaftler haben ein Buch für Kinder geschaffen, das auch Erwachsene verzaubert

ZWEI FÜSSE AUF SONNENBESCHIENENEM grobkörnigem Sand am Strand, darum herum Muscheln und Schneckenhäuser, ein Krebs, der zu fliehen scheint. Eine erste Welle mit weißer Gischt lockt, endlich einzutauchen ins Meer. So beginnt die Reise in die Tiefsee auf der ersten Seite, sie strahlt im goldgelben Glanz der Sonne. Danach ist es überwiegend dunkel, doch dann erscheinen strahlende leuchtende Flecken. Es sind Oktopusbabys, Ruderkrebs- oder Fischlarven, sie schwirren durcheinander auf tiefblauem Grund und zeigen: Im Meer wimmelt es nur so von Leben.

Die Autoren reisen mit ihren großformatigen Zeichnungen Meter für Meter in die Tiefe und stellen diese vielfältige Welt vor. Denn lange glaubte man, im ewigen Dunkel der Tiefsee gebe es kein Leben zu entdecken. Was für ein Trugschluss.

Die Wissenschaftsillustratorin Annika Siems hat diese Welt mit magisch schönen Bildern gemalt. So droht ein rosablauer Riesenkalmar gefährlich mit langen Tentakeln über die Doppelseite, oder eine rote Garnele schießt einem angreifenden Drachenfisch eine Wolke aus explodierendem blauen Licht ins offene Maul, um sich damit außer Reichweite zu katapultieren.

Auf den Bildern finden sich kleine Texte von Wolfgang Dreyer, dem ehemaligen Leiter des Zoologischen Museums der Christian-Albrechts-Universität zu Kiel. Dreyer erklärt verständlich das Prinzip des Lebens in der Tiefe. Wie funktioniert die Fotosynthese? Warum funkeln die Leuchtorgane von Kalmaren wie Diamanten? Oder wie tarnen durchsichtige Quallen ihre Nahrung im Magen? Oder er erklärt die Biologie von exotisch klingenden Meerwesen wie den Vampirtintenfischen, Zombiewürmern oder Seespinnen.

Es ist ein Kinderbuch, und das ist es auf fantastische Weise – aber auch Erwachsene werden sich der hypnotisch schönen Bilderwelt kaum entziehen können.

Am Ende, in 6000 Meter Tiefe, stellen die Autoren eine aktuelle Entdeckung vor: den Fund eines verendeten Wals. Ein Schlaraffenland bietet der 50 Tonnen schwere Kadaver für die Bewohner in der Tiefe. Siems zeichnet, wie sich kleine Würmer, Flohkrebse, Schleimaale, Chimären und ein bräunlich gefärbter Schokoladenhai auf diesen Leckerbissen stürzen. Übrig bleibt im Dunkel des Meeresgrunds ein riesiges abgenagtes, bläuliches Walskelett.

„Wal und Krillen" nennt Illustratorin Annika Siems ihr Bild

Bilder wie „Fischschwarm" zeigen die Schönheit der Unterwasserwelt

Doch damit endet es nicht. Auf der allerletzten Seite, auf der sonst eigentlich das Impressum steht, sieht man ein Wesen in zartrosa und blauen Farbtönen leuchtend dem oberen Bildrand entschweben – eine Staatsqualle, *Siphonophorae* genannt. Auch sie ein Wesen der tiefen See.

Katja Maria Engel

Christoph Klimke:
***„Das Alphabet des Meeres"**,*
Elfenbein, Berlin, 2019, 96 Seiten, 19 Euro

Strandgänger

„Das Alphabet des Meeres" ist spielerisch auf ernsthafte Weise

WENIGE TAGE VOR SEINEM TOD schrieb der Lyriker Günter Kunert, ihm seien „keine Gedichte bekannt, die sich derart dem Carpe diem unterworfen haben, und zwar bis in die Grammatik, bis in die Form hinein". Die lobenden Worte galten dem 1959 geborenen Autor Christoph Klimke. In dessen Band „Das Alphabet des Meeres" ist nun nachzulesen, auf welch reflektierte Weise der Pasolini-Experte das Dasein preist – verwundert, mitunter beinahe klagend, immer jedoch im Bewusstsein der Flüchtigkeit unserer Existenz. Eine tatsächlich solitäre Lyrik ist das, die sich nicht auf gängige Metaphern verlässt, sondern uns in einer Art maritimem Stream of consciousness Zeilen wie diese schenkt: „WER SCHREIBT der Träume / Drehbuch keine Welle / buchstabiert ihre Namen / das Alphabet die Gischt / nicht Ebbe und Flut / beizeiten tauchen sie auf und ab / taumeln Gestirne / durch das Wasser / erblindet jetzt / waren sie einmal / wollten nur / über das Meer / unsichtbar wir / Auf dem Hochsitz / halten Ausschau nach nichts."

Der Strandgänger ist nicht allein, das „Du" des geliebten Anderen präsent: „GLAUBE mir wir beide / am Strand halten uns / an der Hand laufen / los schwimmen hinaus / am helllichten Tag / fallen Sternschnuppen / wundern wir uns / nie kehren wir wieder zurück."

Doch auch andere Heimatlose und Gestrandete bekommen Kontur und beweisen en passsant, dass auch heute noch Barcelona- oder Palermo-Gedichte möglich sind, die ohne jegliches Epigonale unseren Blick weiten. ∞

Marko Martin

Benoîte Groult:
***„Vom Fischen und von der Liebe. Mein irisches Tagebuch (1977–2003)"**,*
aus dem Französischen von Patricia Klobusiczky, Ullstein, Berlin, 2019, 400 Seiten, 22 Euro

Das Salz der Gischt

Von 1977 bis 2003 verlebte die Schriftstellerin Benoîte Groult ihre Sommer an der Küste. Nun sind ihre irischen Tagebücher erschienen

JAHR FÜR JAHR ZOG ES SIE ANS MEER. Für jeweils einige Wochen lebte und liebte die Französin Benoîte Groult in ihrem Haus an Irlands Küste mit ihrem Mann Paul und manchmal auch ihrem Liebhaber – insgesamt 26 Sommer lang. Hier schrieb sie an ihrem erotischen Weltbestseller „Salz auf unserer Haut", aber auch an ihren Tagebüchern, die nun, drei Jahre nach ihrem Tod, unter dem Titel „Vom Fischen und von der Liebe" auf Deutsch erschienen sind.

Veröffentlichte 1988 den Weltbestseller „Salz auf unserer Haut": Benoîte Groult

Die Bücher berichten von der realen Ménage à trois, die nicht weniger kompliziert war als die fiktive Dreierbeziehung des Romans, nur dass der echte Liebhaber Kurt amerikanischer Pilot war, kein bretonischer Fischer. Kurt war es, der sie zu „Salz auf unserer Haut" inspiriert hat. Man kann ihre Aufzeichnungen aber auch als maritime Liebeserklärung lesen, unterteilt in ein reguläres, ein intimeres Tagebuch und die Logbücher, in denen sie akribisch ihre Fänge notierte: „500 Gramm Felsengarnelen, ein 650 schwerer Hummer und fünf Samtkrabben …"

Denn noch im hohen Alter fuhr Benoîte Groult fast jeden Tag mit dem Boot hinaus, um in der rauen See zu fischen, spürte das Salz der Gischt, aber auch, wie der Atlantik an ihren nachlassenden Kräften zehrte. „Vom Fischen und von der Liebe" ist nicht zuletzt ein Buch über das Älterwerden, dem sie mit Wehmut und Humor begegnet, etwa wenn sie Ehemann Paul und sich selbst als Plitsch und Platsch beschreibt, die bei stürmischer See mit den Netzen kämpfen.

Sie erzählt von Pauls Eifersuchtsanfällen, der sich früh mit ihrer Affäre arrangiert hatte, aber irgendwann auch keinen Fisch mehr mochte. „Aufs Meer hinauszufahren verlangt ihm mittlerweile eine übermenschliche Anstrengung ab. Irland ist ein mühsames Land. Um dort zu überleben, muss man jung oder verrückt oder besoffen oder bekloppt sein – oder alles auf einmal." Liebhaber Kurt kam nur, wenn Paul nicht da war. Kurt las nicht, war kein Intellektueller. Im Tagebuch mokiert sich Benoîte Groult über sein Unwissen, konnte aber auch nicht von ihm lassen.

Und auch nicht vom Meer. Noch im Mai 2001 suchte sie zwischen den Felsen der Küste nach 400 Gramm schweren Felsengarnelen und Kammmuscheln. Da war sie 81 Jahre alt. ∞

Roland Brockmann

Jon Fosse:
„Der andere Name. Heptalogie I–II",
aus dem Norwegischen von Hinrich Schmidt-Henkel, Rowohlt, Hamburg, 2019, 480 Seiten, 30 Euro

Zeiten im Angesicht eines Fjords

Mit „Der andere Name" legt der Norweger Jon Fosse die beiden ersten Teile seines auf sieben Bände angelegten Romanzyklus vor

WER IST ASLE? EIN MALER, SO VIEL steht fest. Nach dem Tod seiner Frau lebt er zurückgezogen in einem kleinen Ort bei Bjørgvin in Norwegen. Eines Tages kommt er auf dem Rückweg aus der Stadt vorbei am Haus eines anderen Malers in Skutevika. Der heißt auch Asle und liegt zitternd auf seinem Sofa, unschlüssig, ob er „in die Küche rübergehen und sich ein ordentliches Glas Schnaps eingießen" soll, damit das Zittern aufhört, oder ob er doch gleich „ins Wasser gehen" soll.

Der Asle im Auto beobachtet das. Kann das sein: zwei Maler mit dem gleichen Namen? Oder blickt Asle auf sich selbst, sein eigenes Leben zu einer anderen Zeit?

Jon Fosse lässt seinen Helden zunächst weiterfahren, nach Hause, wo sein Nachbar wartet, der ihn mit Fisch und Feuerholz versorgt, wofür Asle ihn mit Bildern bezahlt. Die beiden führen ein einfaches Leben am Sygnefjord. Der Fischer und der Maler, sie braten Speck, Zwiebeln und Eier in der Pfanne und reden wenig. Dafür geht Asle viel durch den Kopf: über sein letztes Bild, aber auch darüber, ob er in Skutevika nicht hätte anhalten und den anderen Asle hätte „mitnehmen sollen, ja hinaus ins Leben, damit er ein bisschen auflebt"? Den Asle, der zittert und es nicht einmal schafft, seinen Hund auszuführen.

Tatsächlich kehrt Asle dann noch einmal zurück und sucht Asle aus Skutevika, entdeckt ihn vor dem Wirtshaus zum „Letzten Boot" im Schnee liegend. „Ich brauch nur einen Kurzen oder zwei", sagt der, „dann bin ich wieder ganz der Alte." „Warum nicht?", denkt Asle. Und dann hocken sie zusammen in der Wärme des Wirtshauses: Asle und Asle. Der eine trinkt Schnaps, der andere Kaffee.

Bereits bis dahin hat Jon Fosse mehrfach übliche Erzählperspektiven durchkreuzt. Unter anderem beobachtet Asle sich selbst mit seiner längst verstorbenen Frau in der Dämmerung eines verlassenen Spielplatzes. Der Roman „Der andere Name" – Teil I und II einer auf sieben Teile angelegten Reihe – folgt mehr einem Bewusstseinsstrom denn einer stringenten Erzählung.

„Langsame Prosa" nennt der Dramatiker Jon Fosse, 1959 in der Nähe von Bergen geboren, seinen Ansatz, der lieber in die Tiefe geht, als das Geschehen voranzutreiben. Und lässt man sich darauf ein, entsteht ein ganz eigener Sog. Fosses Sprache ist so klar wie das Wasser der Fjorde, eigentlich unnötig gefärbt von religiösen Motiven an einigen Stellen – der Skandinavier konvertierte vor einigen Jahren zum Katholizismus.

Als Leser könnte man darüber nachdenken, ob der alkoholkranke Asle aus Skutevika das Alter ego des ersten Asle ist – oder dessen Dasein in einem anderen Lebensabschnitt darstellt.

Aber eigentlich spielt das keine Rolle. Jon Fosse jedenfalls liefert dafür keine Auflösung. Auch geht es ihm nicht darum, wie der Protagonist wurde, was er ist, oder gar, wie dessen Leben hätte anders verlaufen können.

Sein durchgehend im Präsens geschriebener Roman interessiert sich nicht für Zeitenfolgen, darin ähnlich vielleicht dem Fjord, dessen erhabene Landschaft die Kulisse des Buchs bildet. Auch wenn Asle nach 400 Seiten irgendwann tatsächlich stirbt.

Roland Brockmann

Anna Maria Ortese:
„Neapel liegt nicht am Meer",
aus dem Italienischen von Marianne Schneider, Friedenauer Presse, Berlin, 2019, 232 Seiten, 22 Euro

Jenseits von Kitsch

Endlich auf Deutsch: Anna Maria Orteses Erzählband von 1953

NICHTS IST LIEBLICH-PITTORESK, GAR beschaulich maritim in diesem Prosaband, der 1953 erstmals erschien und schon im Titel die Abrechnung ankündigt: „Neapel liegt nicht am Meer". Stattdessen: Massenquartiere und dunkle Hofschlünde, in die Physiognomien eingegrabenes Elend und eine ungute Mischung aus Totenstille und Geschrei. Was man indessen bei einem männlichen Selbstdarsteller wie Curzio Malaparte bis heute goutiert, hat angesichts weiblicher Autorenschaft selbst im Jahr 2019 noch für Ärger gesorgt: „Neapel liegt nach wie vor am Meer", giftete ein Literaturkritiker der Zeitung „La Repubblica" gegen eine Schriftstellerin, der man die präzise Anklage neapolitanischer Indifferenz niemals zu verzeihen scheint.

Anna Maria Ortese wurde 1914 als Tochter mittelloser Eltern geboren und starb 1998, nach einem wechselvollen Leben als stilsichere Autodidaktin, die vom italienischen Literaturbetrieb (mit Ausnahme Pier Paolo Pasolinis) lange ignoriert worden war. Die Zornige aber schrieb voller Genauigkeit, ja Zärtlichkeit, ohne dabei je Zuflucht in einer politisch korrekten Sozialanklage zu suchen.

Die kongenial nun endlich auf Deutsch übersetzte und auch drucktechnisch äußerst ansprechende Ausgabe ihres wohl erfolgreichsten Buches zeigt ein Neapel, wie man es bislang höchstens aus den Filmen des Neorealismus kannte – kein Wunder (und fast schon eine Ehre), dass der vielschreibende Lokalmatador Erri de Luca sich noch heute durch dieses Buch provoziert fühlt und gegen die längst Verstorbene polemisiert.

Marko Martin

Dauerausstellung:
„Historischer Lernort Neulandhalle“,
Franzosensand 2, Friedrichskoog,
Außenanlagen täglich geöffnet bis
Einbruch der Dunkelheit,
www.lernort-neulandhalle.de

Von den Nationalsozialisten gekapert

Ein Lernort zur nationalsozialistischen Landgewinnung an der Nordsee, der auch vor dem Wiedererstarken des „Völkischen“ warnt

JAHRZEHNTELANG WAR DIE GEschichte des Dieksanderkoogs auf der schleswig-holsteinischen Seite des Elbmündungstrichters ein Tabu: Mit diesem Ort realisierten die Nationalsozialisten ab 1933 ein völkisches Propagandavorhaben der besonderen Art. Dort sollte auf dem frischen Boden, der der Nordsee abgerungen worden war, eine völkische Utopie, eine Volksgemeinschaft aus Bauern, Handwerkern und Arbeitern, verwirklicht werden (mare No. 68, „Das Land, das Hitlers Namen trug“).

Seit Sommer 2019 ist die Geschichte des früheren Adolf-Hitler-Koogs für die Öffentlichkeit nachvollziehbar. Die zeithistorische Forschungsstelle der Europa-Universität Flensburg entwickelte eine dauerhafte Außenausstellung auf dem Gelände des markantesten Gebäudes der Anlage. Im Adolf-Hitler-Koog wurden seit 1934 90 Bauernhöfe, 20 Arbeiterhaushalte, vier Handwerkerhäuser, eine Schule und ein Gasthaus errichtet.

Entgegen der Tradition, nach der in jedem neuen Koog ein Stück Land für den Bau einer Kirche reserviert war, planten die Nationalsozialisten auf der einzigen Warft im flachen Marschland eine Art Antikirche, die Neulandhalle, zu der Hitler im August 1935 den Grundstein legte. Das Gebäude in den Abmessungen eines friesischen Haubargs wurde aufwendig mit Fresken, Plastiken und NS-Zeichen ausgestattet. Hier wurden die Feiertage des nationalsozialistischen Lebens- und Jahreslaufs begangen.

Die Gestaltung des zentralen Raums in der Halle zielte auf ihre sakralen Funktionen ab – anstelle eines Altars stand ein Kamin mit keramischen Darstellungen von Schwert und Ähren als Symbole für „Blut“ und „Boden“, für „Kampf“ und „Arbeit“ auf dem Abzug im Mittelpunkt zwischen vier monumentalen Wandbildern. Die kultische Funktion und Bedeutung der Neulandhalle wurde durch einen Glockenturm erhöht, in dem eine vom Reichsnährstand gestiftete Glocke aufgehängt war.

Für die Ausstellung am Hang der Warft, auf der die Neulandhalle steht, wurden menschhohe Buchstaben entwickelt, die die Texte, Bilder und Dokumente der Schau tragen und zusammengesetzt die Worte „Leben“, „Raum“, „Volk“ und „Gemeinschaft“ bilden. Durch zwei liegende Buchstaben S lassen sich diese Worte zu Schlüsselworten der Nazi-Ideologie zusammenführen, die bis 1945 im ehemaligen Adolf-Hitler-Koog der deutschen und internationalen Öffentlichkeit vorgeführt worden war: Lebensraum und Volksgemeinschaft.

Die Ausstellung zeichnet nach, wie Dithmarschen zu einer frühen Hochburg des Nationalsozialismus wurde und die verantwortlichen Stellen der Reichsregierung in Berlin das ideologische und propagandistische Potenzial dieser Eindeichung erkannten. Sie kaperten die an der schleswig-holsteinischen Westküste jahrhundertealte Geschichte der Landgewinnung durch Deiche und nahmen historische Sonderentwicklungen, die im Mittelalter zu genossenschaftlich verfassten Bauernrepubliken geführt hatten, für die nationalsozialistische Überhöhung des Bauerntums in Anspruch.

Buchstaben werden zu Schautafeln

Die Nationalsozialisten siedelten in diesem Ort rassebiologisch überprüfte NSDAP-Mitglieder und ihre jungen Familien an. Mit dem Schlaglicht auf die „friedliche Lebensraumgewinnung“ im Westen, propagandistisch vervielfältigt durch Zeitungs- und Rundfunkreportagen, lenkte die Regierung in Berlin von der geplanten kriegerischen Expansion nach Osten ab. Die Ausstellung zeigt, wie Planer des Koogs nach 1939 davon träumten, das, was sie an der Elbmündung modellhaft als NS-Volksgemeinschaft realisierten, in besetzten Territorien in größerem Stil umzusetzen. Die Schau legt offen, wie Hitler dort am Bauplatz der Neulandhalle den Kampf der Menschen gegen das Meer zur Metapher machte für Deutschlands Kampf „im Weltenmeer“. Und sie zeigt, wie die idealisierte Volksgemeinschaft mit blondbezopften Mädchen, athletischen Landmännern und wogenden Haferfeldern ihre Verführungskraft entfalten sollte.

Das Schlusskapitel der Präsentation fragt: „Was hat das mit mir zu tun?“ Damit führt die historisch-didaktische Ausstellung bis in die Gegenwart, in der politische Kräfte das Völkische wieder zur politischen Kategorie machen wollen und die Frage stellen, wer zum Volk, zur Volksgemeinschaft gehöre und wer nicht.

Die Neulandhalle, ehemals völkische Antikirche, wird durch die wechselseitigen Bezüge zur neuen Außenausstellung zu einem Ort der Aufklärung von trauriger Aktualität.

Frank Trende

An dieser Stelle berichtet mare regelmäßig über neue Bücher aus seinem aktuellen Verlagsprogramm

Wissen hilft

Psychologin Verena Kantrowitsch geht der Flugangst auf den Grund. Auch für Schiffsängstliche bestens geeignet

mare: *Neulich erzählte mein Friseur von einer Bekannten mit Flugangst. Doch dann verliebte die sich in einen Kurden, der nie ein Visum für Deutschland erhielt, und sie musste zu ihm fliegen, wenn sie ihn sehen wollte, also flog sie. So kann das klappen?*
Verena Kantrowitsch: Liebe ist ein absolut starkes Motiv. Es hilft nicht, sofort keine Angst mehr zu haben, aber es hilft zu sagen: So, da musst du jetzt durch! Das Wichtigste, wenn man Flugangst überwinden will, ist, sich zu fragen, ob man sie überwinden will.

Was hat Sie bewogen, ein Buch über Flugangst zu schreiben?
Ich kenne Flugangst aus eigenem Erleben. Nachdem ich meine Flugangst überwunden hatte, hatte ich großen Spaß an dem Thema. Außerdem habe ich dabei ungeheuer viel über mich, mein Halbwissen und meine Vorurteile gelernt und auch das magische Denken abgelegt. Die Beschäftigung war „selbstwirksam", so nennen wir Psychologen das.

Am Anfang erzählen Sie von einem Traum: Sie tauchen im Meer, schwimmen durchs Graue und Trübe, finden beglückt ins Helle – und wachen auf. War das der Moment der Erkenntnis?
Dieser Traum war der entscheidende Impuls, etwas zu unternehmen. Vorher hatte ich meine Flugangst immer weggeschoben: Ach, ist doch nicht so schlimm. Oder: Was soll's? Und nun dachte ich: Herrje, ich bin doch ein so neugieriger Mensch, der gern reist und fremde Kulturen kennenlernt. Es folgte: Mensch, Verena, jetzt gib es endlich zu! Und dann: Du willst daran etwas ändern!

Hilft Wissen, technisches Wissen?
Es hilft, obwohl man das anfangs nicht denkt. Doch man unterschätzt die vielen Details, die man lernen kann. Wenn man dann versteht, was beim Fliegen im Einzelnen passiert, gerade physikalisch, was für mich sehr wichtig war, ist das so befriedigend, so cool – das ist ein bisschen so, als ob man das selbst erfunden hätte, nur weil man es versteht. Und wenn man es dann noch anderen erklären kann, macht einen das glücklich, und das hilft mehr als man denkt.

Wechseln wir einmal kurz vom Flugzeug aufs Schiff …
Eine Freundin von mir hat vor Fährfahrten Angst. Ich habe entdeckt, dass man Fähren genau wie Flugzeuge online beobachten kann. Alle Fähren, die gerade durch die Gegend fahren, sind da zu sehen. Das allein fand sie schon entlastend: dass geschaut wird, wo die Fähren fahren; dass jemand aufpasst, sozusagen. Bei Flugangst gibt es manchmal die Kombination, dass Leute es gruselig finden, über das Meer zu fliegen, weil zwei Sphären zusammenkommen, die sie nicht kennen und die nicht ihre gewohnte Umgebung sind.

Verena Kantrowitsch: ***„Ich kann fliegen!"***
336 Seiten, 18 Euro

Es geht um Kontrollverlust?
Es geht um den Kontrollverlust in ungewohnten Situationen. Sind wir den Kontrollverlust gewohnt, kümmert er uns nicht. Wenn wir etwa im Auto durch die Gegend fahren, wissen wir ja nicht, was der andere, der uns da entgegenkommt, gleich macht – so ist das eben. Sind wir in einer ungewohnten Situation, das kann auf dem Wasser sein oder in der Luft, erleben wir diesen Kontrollverlust als Bedrohung: Ich habe keinen Halt, ich kann nichts machen. Und plötzlich ist da etwas Unheimliches, das mir sonst egal ist. Der Kontrollverlust kommt in zweiter Linie. Zuerst ist da ein Gefühl, dass etwas nicht in Ordnung ist – das Flugzeug schaukelt so komisch, das Schiff ächzt so merkwürdig und macht seltsame Geräusche.

Wenn Sie nicht selbst Flugangst gehabt hätten, wäre Ihr Buch nicht so lustig geworden. Richtig?
Mir hat es geholfen, das Thema mit einer gewissen Heiterkeit zu betrachten. Dabei konnte ich lange gar nicht darüber lachen, etwa, als ich mit meinen Geschwistern unsere Mutter zum 60. auf der Insel Juist überraschen wollte und wir aus Zeitgründen vom Festland den Miniflieger nehmen mussten. Ein kurzer, aber absoluter Panikflug, mein Bruder und meine Schwester haben die witzigsten Bemerkungen gemacht, ich fand das so unsensibel, so gemein, ich habe die regelrecht angebrüllt. Heute kann ich mit einer ordentlichen Portion Selbstironie davon erzählen.

Das Gespräch führte Frank Keil.

Schuldt:
„Hamburgische Schule des Lebens und der Arbeit“,
Berenberg, Berlin, 2019, 136 Seiten, 25 Euro

Schuldt: Hamburger durch und durch

Früher gehörte er zur Clique um den Dichter Hubert Fichte. Dann war er Jahrzehnte in der Ferne. Jetzt ist Schuldt zurück

ER HAT EINEN ORDENTLICHEN VORnamen, zwei sogar: Hans und Herbert. Aber es zählt nur: Schuldt. Schuldt, der in Hubert Fichtes epocheprägendem Roman „Die Palette“ kurz als „Herr Bösig“ mit leicht karikaturhaften Zügen auftaucht – und mit Hut. Weil Schuldt zuweilen zu Fichtes Künstlerclique gehörte, die sich damals in der Hamburger Neustadt und in den Straßen am Baumwall und den Landungsbrücken herumtrieb, in Kneipen, Kaschemmen und Schwulenbars. In den 1960er-Jahren war das, während die anderen zu Heinz-Erhardt-Filmen lachten, weil allein das sie zufriedenstellte.

Nun hat Schuldt ein neues Buch geschrieben, schön aufgemacht, griffig anzufassen, die Buchstaben fein gesetzt. Ein sperrig-lockender Titel auch: „Hamburgische Schule des Lebens und der Arbeit“. Untertitel: „Die vergehende Wahrheit“.

Was es genau für ein Buch ist? Nicht leicht zu sagen. Ein Pamphlet, wenn sich Schuldt über die ausgedachten Straßennamen in der ausgedachten HafenCity lustig macht: Yokohamastraße. Oder: Osakaallee. Wieso Osaka? Das ist doch ganz woanders! Und eine Allee ist da auch nicht. Ein analytisches Buch, eines, das mit einem Verzeichnis verwirrender Hafenstraßennamen aufwartet, die es gibt, die es geben könnte, die es geben sollte: Grasbrook, Am verlorenen Fallreep, Schiethusen. Und immer also: ein Hafenbuch. Über den Hamburger Hafen. Wie er war, tatsächlich, früher; manchmal sind noch Reste zu entdecken. Kein Roman daher mit klassischer Handlung, keine Helden, keine Landschaftsbeschreibungen. Dafür eingestreute Geschichten darüber, wie einst die Apfelsinen in den Frachträumen belüftet wurden, wie morgens im Radio die Schauerleute zur Arbeit gerufen wurden, zum Löschen und Laden – oft lagen bis zu 300 Schiffe im Hafen, damals, also jede Menge Hafengeschichte.

Er sei gefragt worden, wie lange er zu diesem Buch recherchiert und dafür in Archiven gehockt habe, amüsiert Schuldt sich. Recherchiert! „Ich habe nicht umfassende, aber ausreichende Kenntnisse von Hamburg“, sagt er: „Ich bin insoweit davon geprägt, als ich von hier bin.“

Sohn eines Hamburger Reeders, Jahrgang 1943, das verstoßene schwarze Schaf der Familie. Der Texte schreiben will, Literatur, statt Schiffslinien zu unterhalten wie sein Großvater, sein Vater: Ostseelinie, Mexikolinie, Mittelmeerlinie. Nach jedem Krieg neu aufgebaut, ganz von vorn, davor habe er schon Respekt. „Mein Vater war noch sehr gut – ich habe seine Geschäftspartner kennengelernt“, spottet Schuldt. Aber insgesamt nicht seine Welt.

Er geht nach London, Paris, wechselt nach New York, für Jahrzehnte. Schreibt, übersetzt viel, konzipiert und spricht vor allem Radiostücke, die man aus Bequemlichkeit schnell „experimentelle Literatur“ nennt. Was er nicht schreiben will: Gedichte oder so gegen den Atomtod. Da schüttelt es ihn noch heute. Zuletzt lebt er in China, nun ist er zurück.

Ist Hamburg jetzt sein Lebensmittelpunkt? „Woher soll ich das wissen? Ich bin doch kein Anthropologe“, knurrt er. Vielleicht wüssten das später seine Biografen. Also lieber noch einmal in sein Buch vertiefen. Das einen wach werden lässt, nicht nur, wenn man aus Hamburg kommt.

Frank Keil

Wilfried Erdmann:
„Warum wir immer weitersegeln“,
Delius Klasing, Hamburg, 2019, 232 Seiten, 19,90 Euro

Leichtigkeit bleibt

Auch im Alter kann man segeln. Wilfried Erdmann macht es vor

SEGELN IST NICHTS FÜRS ALTER? Nicht, wenn man viermal die Welt umsegelt hat und Wilfried Erdmann heißt. Die Philosophie des 79-Jährigen, der kurz vor Mauerbau in den Westen floh, kennt keine Barrieren. 1966 brach er ohne Segelschein von Gibraltar auf, um als erster Deutscher über 400 Tage lang den Globus zu umrunden. Und er sucht immer noch das Wasser, den Wind, den Ausbruch aus dem Alltag.

„Fahrtensegeln ist die archaischste Art des Reisens“, schreibt er in seinem neuen Buch „Warum wir immer weitersegeln“. Man muss sich Zeit lassen, warten, einen Tee trinken. Die Einsamkeit genießen. Sich einprägen, „was an einem vorbeizieht“. Und darüber hinwegsehen, dass Segeln für viele zum Konsum geworden ist, wie Erdmann gelassen feststellt.

Skandinavien ist nicht die Welt, weswegen der Törn, um den es in dem opulent bebilderten Bericht geht, „nur“ 100 Tage gedauert hat. Gemeinsam mit seiner Frau Astrid ging es 2018 über die Ostsee nach Schweden. Erdmann wundert sich bisweilen, wie das Segeln mit dem Älterwerden an Dynamik verliert. „Das Groß habe ich im Griff wie meine Jacke. Einmal ziehen, und es sitzt“, resümiert er erleichtert. „Doch bei der Schnelligkeit und vor allem meiner Antizipation der Bootsbewegungen hapert es.“ Trotzdem hat für ihn das Gleiten auf den Wellen immer noch mit einem Glücksgefühl zu tun, auf das er nicht verzichten möchte. Denn: „Slocum, Gerbault oder Chichester, die ersten Ozeansegler, waren Helden. Wir sind es nicht. Wir sind als Amateure unterwegs und so gesehen ein ziemlich zäher Menschenschlag.“

Alexandra Wach

Mirko Heinemann:
„Die letzten Byzantiner.
Die Vertreibung der
Griechen vom Schwarzen Meer.
Eine Spurensuche",
Ch. Links, Berlin, 2019,
264 Seiten, 25 Euro

Dramatisches am Schwarzen Meer

Mirko Heinemanns griechische Großmutter wurde einst vom Schwarzen Meer vertrieben. Er hat sich auf die Spuren ihrer Geschichte begeben

DER 9. AUGUST 1917 WAR EIN SCHICKsalhafter Tag für Ordu an der osmanischen Küste des Schwarzen Meeres. Russische Kriegsschiffe griffen die Stadt an, unter den Einwohnern herrschte Furcht. Die griechischen Bewohner Ordus ängstigten sich allerdings weniger vor den Russen, sondern vor der potenziellen Vergeltung der nach dem Abzug der russischen Schiffe zurückkehrenden osmanischen Soldaten, die sie als Verräter betrachteten. So setzte ein Strom von Flüchtlingen zum Hafen ein, in der Hoffnung, in Sicherheit gebracht zu werden. Darunter auch eine 15-Jährige namens Alexandra. An diesem Augusttag verließ sie ihre Heimat und die ihrer Vorfahren, nie wieder kehrte sie dorthin zurück.

Diese Reise trat an ihrer Stelle fast 100 Jahre später ihr Enkel Mirko Heinemann an. Heinemann, Journalist mit deutschem Vater und griechischer Mutter, hat ein Buch darüber geschrieben. „Die letzten Byzantiner. Die Vertreibung der Griechen vom Schwarzen Meer" lautet der Titel, erschienen ist es bei Ch. Links, einem Verlag, der sich immer wieder wichtiger Themen der Vergangenheit annimmt.

Und ein solches ist die Vertreibung der Griechen aus dem Land, das später zur modernen Türkei werden sollte. Auch wenn es hierzulande eher unbekannt ist. Seit Jahrtausenden lebten die sogenannten Pontusgriechen an der Küste des Schwarzen Meeres, erst etwa in den von See her besiedelten Kolonien der Antike, später auch unter Römern und Byzantinern, schließlich unter der Herrschaft der Osmanen. Muslimische Osmanen und orthodoxe Griechen – das gegenseitige Verhältnis war nicht immer von Misstrauen und Konflikt geprägt, im Gegenteil, es herrschte lange Zeit Frieden. Viele Völker lebten an der Küste des Schwarzen Meeres, in Trapezunt verständigten sich die Menschen auf Griechisch, Russisch, Armenisch, auch Georgisch und natürlich Türkisch. Der Erste Weltkrieg sollte dies alles verändern. 1915 begann der Genozid an den Armeniern, auch viele Griechen innerhalb des Osmanischen Reichs wurden bald als Kollaborateure angesehen. Es floss viel Blut. Später führte Griechenland Krieg in Kleinasien.

Wie es dazu kam und welche Folgen es zeitigte, erzählt Mirko Heinemann anhand seiner Reise in die Türkei. Es ist ein anschaulicher Bericht, wie sich der Autor etwa gegen allerlei Schwierigkeiten zum Strand von Trapezunt begibt, nur, um dort Betonblöcke zu sehen. Wie er sich auf den Weg nach Ordu macht, oder Altınordu, wie es heute genannt wird. Auf der einen Seite das Schwarze Meer, auf der anderen das Gebirge, dazwischen die ehemalige Heimat der Pontusgriechen.

Heinemanns Buch ist viel mehr als ein Reisebericht oder eine persönliche Spurensuche: Geschickt miteinander verwoben, detailreich erzählt, ist es eine Familiengeschichte, Geschichtsstunde der positivsten Art und auch eine Art Mahnung der Historie. Denn 1923 besiegelte ein Abkommen zwischen Griechenland und der entstehenden Türkei einen „Bevölkerungsaustausch". Etwa 400 000 Muslime verloren ihre Heimat in Griechenland, mehr als eine Million orthodoxe Christen durften nicht länger in Kleinasien leben.

Marc von Lüpke

Im Netz

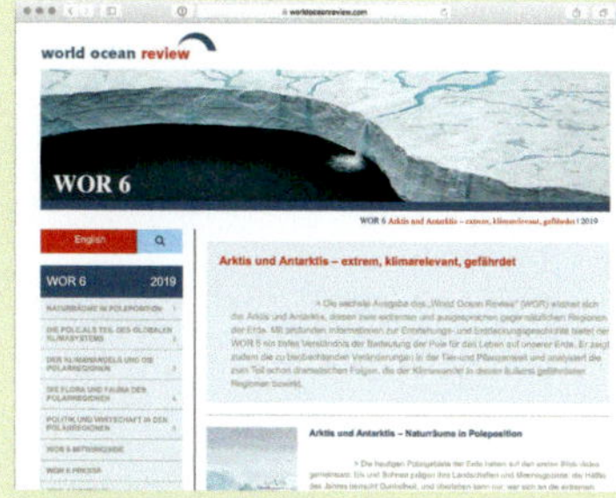

www.worldoceanreview.com

Lärm, Plastik, Pestizide - alles Themen, die heute in einem Atemzug mit den Meeren genannt werden. Der „World Ocean Review" No. 6 richtet den Fokus erneut auf den Zustand der Meere. Diesmaliger Fokus: Arktis und Antarktis, zwei extreme und ausgesprochen gegensätzliche Regionen. Mit Informationen zur Entstehungs- und Entdeckungsgeschichte bietet der „WOR" 6 ein tiefes Verständnis der Bedeutung der Pole für das Leben auf unserer Erde. Er beschreibt zudem die Veränderungen in der Tier- und Pflanzenwelt und analysiert die dramatischen Folgen, die der Klimawandel in diesen gefährdeten Regionen bewirkt. Er kann kostenlos bestellt oder heruntergeladen werden.

Wiebke Böse

Im Deckchair

Ein persönlicher Tipp von Anna Boucsein, Art-Direktorin im mareverlag

Kristina Scharmacher-Schreiber, Stephanie Marian: ***„Wieviel wärmer ist 1 Grad?",*** *Beltz & Gelberg, 96 Seiten, 14,95 Euro*

Wie erklärt man kleinen Kindern den Klimawandel? Warum die Leute freitags auf die Straße gehen und dass Plastikmüll im Meer nur ein kleiner Teil des Problems ist? Dieses Thema zu begreifen ist sicher nicht kinderleicht. Das wunderschön illustrierte Sachbuch von Kristina Scharmacher-Schreiber und Stephanie Marian hilft dabei, dass Grundschüler verstehen, was Wetter und Klima überhaupt sind, vor welchen Problemen und Herausforderungen die Welt steht, wie sie entstanden sind und was wir alle gegen den Klimawandel tun können.
Entstanden ist ein schlaues Buch, das den Kleinsten auf unterhaltsame Weise näherbringt, womit sie sich später auf jeden Fall beschäftigen müssen. Und damit kann man nicht früh genug anfangen.

2016 REEF
RESTORATION
Echinopora
lamellosa
Seriatopora
Stylophora
pistillata

PANIK IM PARADIES

Dem Great Barrier Reef in Australien geht es so schlecht wie nie. Was kann die Forschung tun, um das größte Riff der Welt zu retten?

Text: Jan Keith   Fotos: Giacomo d'Orlando

Oben **Andrew Baird, Meeresbiologe an der James Cook University in Townsville, untersucht ein Riff vor Magnetic Island am Rand des Great Barrier Reef**

Vorhergehende Doppelseite **Korallenforschung im Australian Institute of Marine Science**

IM AUGUST 2019 STUFTE DIE REGIErung Australiens den Bedrohungsstatus des Great Barrier Reef von „schlecht" erstmals auf „sehr schlecht" herab.

Es ist also Zeit, über das Ende zu reden. Darüber, dass das Great Barrier Reef schon bald mehr Friedhof als Riff sein könnte. Eine Ansammlung brüchiger Kalkreste auf einer Fläche von der Größe Deutschlands. Gestorben, weil das Meer zu warm geworden ist.

Nehmen wir also an, es kommt tatsächlich zum Exitus des Riffs. Was dann? Es wäre der Beginn einer Kettenreaktion: Der Tod des Riffs führt zum Tod von Arten. Das führt zum Bruch der Nahrungsketten. Das Ökosystem kollabiert. Die Arten, die es schaffen zu überleben, wandern in andere Meeresgebiete ab, wo sie wiederum das dortige Ökosystem durcheinanderbringen. Ökosysteme sind wie Dominosteine. Fällt eines um, fallen die anderen auch.

Das Great Barrier Reef ist ein besonders wertvoller Dominostein, ein Unesco-Weltnaturerbe.

400 der weltweit 700 Korallenarten leben hier, dazu 1500 Fischarten, Tausende Weichtierarten, seltene Wale, Delfine und Schildkröten. Es ist eine Traumwelt unter Wasser, verteilt auf 3000 Einzelriffe und 600 Koralleninseln. Das alles gäbe es nicht mehr.

Selbst die, die sagen, der Tod des Great Barrier Reef sei tragisch, aber für die Menschen an Land nicht relevant, würden eines Besseren belehrt. Ohne Riff würden die Wellen des Pazifiks ungebremst auf Queenslands Küste treffen. Überschwemmungen drohten, Erosion, Landverlust.

Betroffen wäre auch die Fischerei. Denn viele Fische verbringen ihre Kindheit im Riff. Existierte es nicht mehr, könnten sich die jungen Fische nicht mehr in den Spalten und Höhlen des Riffs vor Raubfischen verstecken. Sie würden gefressen, bevor sie sich fortpflanzen. Die Folge: ein dramatischer Rückgang der Fischbestände.

Es würde auch das Ende von 70 000 Jobs bedeuten. Und den Verlust von jährlich fünf Milliarden Australischen Dollar, umgerechnet mehr als drei Milliarden Euro, die der Rifftourismus ins Land spült.

Es gäbe genügend Gründe zu trauern.

Der renommierte US-Sachbuchautor Rowan Jacobsen hat mit der Trauerarbeit schon begonnen. Als 2016 eine starke

Links **Ein Guide beobachtet seine Tauchgruppe am Riff**

Unten **Der sichtbare Teil des Riffs ist in den vergangenen 15 000 Jahren entstanden**

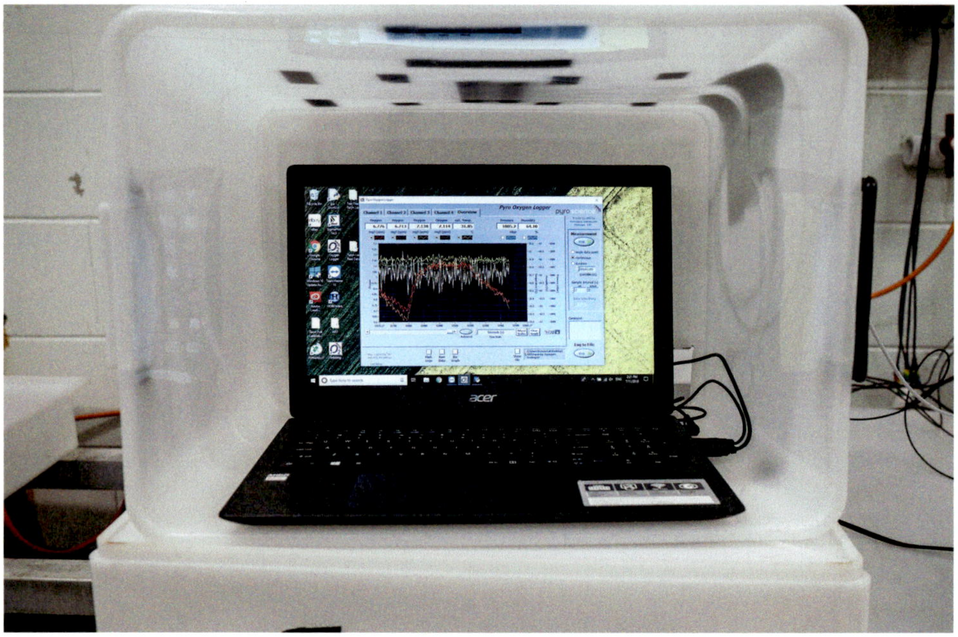

Experimente im Aquarium – die Grafik zeigt Temperatur und Sauerstoffgehalt

Korallenbleiche das Riff heimsuchte, schrieb er auf dem Wissenschaftsportal „globalresearch.ca“ einen viel zitierten Nachruf: „Das Great Barrier Reef in Australien ist nach langer Krankheit 2016 verstorben. Es war 25 Millionen Jahre alt.“

Eine Polemik, natürlich. Aber wie viel Zeit bleibt noch, bis sie Realität wird?

Das ist eine der zentralen Fragen, die Umweltaktivisten, Lokalpolitiker und Forscher umtreibt. Leute wie den promovierten Meeresbiologen Dean Miller. Miller ist Chef und Gründer der Great Barrier Reef Legacy, einer Organisation, die mit Spendengeldern die Riffforschung unterstützt. Ein Mann, der schon Hunderte Mal zum Riff getaucht ist. Und dem gerade ein weiteres Naturwunder widerfahren ist. Er ist vor einigen Monaten Vater geworden. Miller sagt, er wolle seinem Kind eines Tages gern das Riff zeigen.

Nun sitzt er da, auf der Terrasse des „Little Larder“-Cafés in Port Douglas. Um ihn herum Backpackerpärchen bei Kaffee und Croissant, braun gebrannte Rentner, die in der Zeitung blättern, Loungemusik. Port Douglas ist eines der Zentren des Rifftourismus, ein kleines Städtchen am Meer mit 3000 Einwohnern, dessen Hauptstraße, die Macrossan Street, gesäumt ist von Surfläden, Reisebüros, Restaurants und Läden mit Kunsthandwerk.

Eine trügerische Entspanntheit. „Es sieht nicht gut aus“, sagt Miller. „In zehn Jahren wird es das Riff nicht mehr geben.“ Wenn die Menschheit die Erwärmung der Meere nicht stoppe, würden vielleicht 20 der 400 Korallenarten überleben. „Das, was übrig bleibt, wird mit dem heutigen Riff nichts mehr zu tun haben.“

Es sind Sätze, die man in Port Douglas immer wieder hört, in verschiedenen Varianten. Paul O’Dowd, Ausrichter von wissenschaftlichen Riffexpeditionen, sagt sie. Glen Burns, Senior-Meeresbiologe bei Quicksilver Cruises, Australiens größtem Anbieter von Touristentouren zum Great Barrier Reef, sagt sie.

Sie eint die Angst um das größte Naturwunder Australiens. Seit jener Korallenbleiche von 2016 ist sie größer denn je. Damals hatte es besonders den Norden des Riffs getroffen, das Gebiet vor Port Douglas. Extrem hohe Wassertemperaturen, teils um 33 Grad, ließen unzählige Korallenbänke des Riffsystems lebensbedrohlich erblassen. Mit Luftbildern und Unterwasseraufnahmen untersuchten Forscher die Ausmaße der Katastrophe. Das Ergebnis war niederschmetternd. Laut einer Studie des Instituts für Korallenforschung an der James Cook University starben zwischen März und November 2016 rund 30 Prozent der Korallen im Great Barrier Reef.

Normalerweise treten Korallenbleichen in Abständen von fünf bis zehn Jahren auf. 1998 etwa gab es eine Massenbleiche, dann wieder 2002. Doch dieses Mal passierte das Unglaubliche: eine zweite Korallenbleiche innerhalb von zwölf Monaten. Betroffen war nun, im Jahr 2017, der mittlere Teil des Riffs, auf einer Länge von 1500 Kilometern. „Unmittelbar aufeinanderfolgende Bleichen, das haben wir hier noch nie erlebt“, sagt Miller.

Lesen Sie bitte weiter auf Seite 112

Oben **Elektrifizierte Stahlgitter sollen das Wachstum der Korallen anregen**

Unten **Alexia Graba-Landry, Doktorandin am ARC Centre of Excellence for Coral Reef Studies in Townsville, untersucht das Verhalten von Rifffischen bei unterschiedlichen Wassertemperaturen**

Erwärmt sich das Meer zu stark, bleichen Korallen aus und drohen zu verhungern. Allein 2016 starben am Great Barrier Reef dadurch 30 Prozent der Korallen

In den Laboren und Aquarien des Australian Institute of Marine Science nahe Townsville arbeiten die Forscher an Korallenhybriden – neuen Spezies, die durch Kreuzungen entstehen. Diese gezüchteten Korallen sollen, so die Hoffnung, in wärmeren und saureren Gewässern bessere Überlebenschancen haben

Was aber lässt die Korallen auf einmal so häufig ausbleichen? Schuld sind Hitzewellen im Meer. Riffbildende Steinkorallen sind Nesseltiere, die in Kolonien leben und unentwegt Kalk absondern. Existieren können sie nur, weil sie eine Symbiose eingehen. In ihren Zellen befinden sich Zooxanthellen, winzige Algen, die Fotosynthese betreiben. Die Algen tun dies so ergiebig, dass die Nahrung sowohl für sie selbst als auch für ihren Korallenwirt reicht. Es ist ein einvernehmliches Geben und Nehmen. Die Alge erhält einen sicheren Lebensraum, die Koralle einen Großteil der benötigten Nährstoffe.

Steigt die Temperatur im Meer, wird diese wundersame Zweckgemeinschaft empfindlich gestört. Die Korallen stoßen die in ihnen lebenden Algen ab, weil diese nun statt Nahrung Giftstoffe produzieren. Es kommt zum Abbruch der Beziehung zwischen den Pflanzenzellen und dem Tier. Die Algen sind zu Feinden geworden. Mit den Algen verlieren die Korallen ihre Farben. Sie bleichen aus.

In diesem Zustand können die Korallen nur noch kurze Zeit überleben. Schließlich verhungern sie und sterben. Miller sagt, eine dritte Korallenbleiche würde das Great Barrier Reef nicht überstehen. „Es muss uns klar sein: Jetzt ist der Zeitpunkt, das Riff zu retten."

Aber wie?

Eine mögliche Antwort liegt 450 Kilometer südlich von Port Douglas, in der Nähe von Townsville. Vor den Toren der Stadt gibt es einen Ort am Meer, wo sich Wissenschaftler aus der ganzen Welt versammelt haben: das Australian Institute of Marine Science (AIMS). Nirgendwo sonst wird intensiver über das Riff geforscht – über Maßnahmen, die das Riff „angesichts eines sich wandelnden Klimas erhalten und reparieren", wie es offiziell heißt.

Umgeben von trockengefallenen Salztümpeln und niedrigen Bäumen, haben die Forscher hier Ruhe und Hightechlabore in mehreren Gebäuden. Sie haben ein Forschungsschiff und Millionenbudgets. Im AIMS lassen sie in Reagenzgläsern und Aquarien die aus den Fugen geratene Natur noch ein wenig mehr aus den Fugen geraten. Sie lassen Korallen sterben, nur um mehr über ihr Leben zu erfahren. Sie kreuzen Arten, injizieren Zellen. Sie spielen Gott.

Oder sie wandeln alternativ auf den Spuren Darwins, wie Neal Cantin. Seit neun Jahren arbeitet der Kanadier am AIMS, ein Meeresbiologe, der sich auf Korallenbleichen spezialisiert hat. „Wir suchen gezielt nach stressfähigen Korallen", sagt Cantin. Dafür setzt er Korallenarten verschiedenen Temperatur- und CO_2-Werten aus, um herauszufinden, welche Arten die stärksten sind und die Chance haben, den steigenden Meerestemperaturen zu trotzen.

Hat er diese identifiziert, erschwert er deren Lebensbedingungen und schenkt dem Nachwuchs erhöhte Aufmerksamkeit. Er will wissen, ob von Generation zu Generation die Stressfähigkeit zunimmt. Das ist der Clou seiner Forschung: Cantin geht davon aus, dass in Korallen eine Konditionierung stattfindet und man sie auf diese Weise auf eine weitere Erwärmung

Links **In diesem Teil des Meeressimulators experimentieren Forscher mit künstlichem Licht**

Unten **Das Great Barrier Reef wird im Aquarium nachgebildet**

und Versauerung des Ozeans vorbereiten kann.

Cantins wichtigstes Arbeitsgerät liegt drüben, in einem anderen Gebäude. Dort ist der Meeressimulator untergebracht, ein weltweit einzigartiges Forschungsinstrument, betrieben mit deutscher Siemens-Technik. Es besteht aus über 40 Kilometer Rohrleitungen und Dutzenden mit Meerwasser gefüllten Aquarien. Darin werden Korallen drei unterschiedlichen klimatischen Bedingungen ausgesetzt: denen von heute, denen im Jahr 2050 und 2100, so wie es der Weltklimarat IPCC prognostiziert. „So finden wir heraus, welche Korallenarten in 30 oder 80 Jahren Überlebenschancen haben", sagt Cantin.

Der Meeressimulator kann dabei Variablen wie Licht, Temperatur, Säuregehalt, Salzgehalt, Sedimentation und Verunreinigungen genau steuern. Denn auch schlechte Wasserqualität, verursacht durch immer stärkere Beweidung von Küstenland, lässt die Korallen sterben. „Im Moment schauen wir uns in den Aquarien 25 bis 30 Korallenarten an." Welche von ihnen die Auserwählten für die Wiederbesiedlung des Riffs sein werden, weiß Cantin noch nicht. „Unser Experiment läuft über Jahre. Wir werden sehen."

Der hypermoderne Meeressimulator ist das Herzstück des AIMS, der ganze Stolz der australischen Meeresforschung, finanziert von der australischen Regierung. Er symbolisiert aber auch den Wandel, den das AIMS vollzogen hat. Einst, nach seiner Gründung 1972, war das staatliche Forschungsinstitut dafür da, das Riff bekannt zu machen, das Ökosystem zu beobachten und zu verstehen.

Vorbei. Wer heute dort arbeitet, hat einen klaren Auftrag: Rette das Riff! Und lasse philosophische Bedenken, inwieweit der Mensch für dieses Ziel in die Natur eingreifen darf, hinter dir. Am AIMS tun sie es ohnehin Tag für Tag, 92 Forscher, jeder mit seinem Projekt, seinen Ideen, seinen Experimenten.

Eine Idee sticht dabei heraus. Sie ist besonders kühn, weil sie explizit die alten Grenzen überschreitet. Es ist die Idee von Madeleine van Oppen. Die niederländische Meeresbiologin gehört zu den Pionierinnen des noch jungen Forschungsgebiets der „Assistierten Evolution". Ihre Arbeit besteht darin, natürlich vorkommende evolutionäre Prozesse zu beschleunigen, indem sie gezielt eingreift.

Van Oppen züchtet Korallenhybriden, neue Spezies, die durch Kreuzung entstehen, ein Vorgang, der in der Natur gelegentlich vorkommt. „Wenn man eine Hybride züchtet, verbindet man zwei unterschiedliche Genome zu einem neuen Organismus. Indem man das tut, erzeugt man neue Genkombinationen, eine neue genetische Vielfalt", sagt sie. Diese gezüchteten Korallen sollen im besten Fall dafür gewappnet sein, in saureren und wärmeren Gewässern zu überleben.

Es ist ein enormer Aufwand, den van Oppen betreibt. Um an die Eier-Spermien-Bündel der Zwitterkorallen zu gelangen, muss sie warten, bis diese laichen. Das tun sie tatsächlich nur ein einziges Mal im Jahr, in einer einzigen Nacht. Das Problem: Jede Korallenart sucht sich dafür einen anderen Zeitpunkt aus. Ist es so weit, sammelt ihr Team im Meeressimulator die Bündel ein, Nacht für Nacht, Art für Art, trennt Eier und Spermien jeder Kolonie voneinander, ehe van Oppen schließlich entscheidet, welche Arten gekreuzt werden. Doch die Mühe lohnt sich. Van Oppen ist es bereits geglückt, resistentere Korallen zu züchten. „Auch im wärmeren und saureren Aquariumwasser sind etliche Hybriden genauso schnell oder sogar schneller gewachsen als die Korallen der Elterngeneration."

Ob es gelingt, diese neuen Spezies draußen im Great Barrier Reef anzusiedeln? Das müssen Feldversuche zeigen.

Van Oppen jedenfalls will sich nicht auf diese eine Idee verlassen. Deshalb verfolgt die Forscherin noch eine zweite: die Manipulation der Symbionten, der Algen. Da sie so klein sind, ist deren Bearbeitung nicht so komplex und zeitaufwendig. So gelang es van Oppen bereits vor einiger Zeit, hitzetolerantere Algen zu züchten und diese den Korallen zuzuführen. „Die Algensymbionten hitzetoleranter zu machen und sie wieder in Korallen einzuführen ist eine vielversprechende Option", sagt van Oppen. „Wir könnten das Riff mit Symbionten besprühen." Etwa dann, wenn eine Korallenbleiche ausbricht. Dann könnten die manipulierten Symbionten das Leben der verhungernden Korallen retten, so die Idee.

Dafür müssten allerdings die Supersymbionten massenhaft konserviert werden, damit sie zum richtigen Zeitpunkt in ausreichender Zahl zur Verfügung stehen. Van Oppen hat auch dies bereits in Experimenten erprobt, mit Erfolg. Sie ließ ihre Zuchtalgen in flüssigem Stickstoff einfrieren und später wieder auftauen – die Korallen nahmen trotz dieser sogenannten Kryokonservierung die Algen ohne Probleme in sich auf.

Und so finden die AIMS-Forscher immer wieder neue Wege, der Natur auf die Sprünge zu helfen, damit sie der menschenverursachten Meereserwärmung trotzt. Ob das reicht?

Immerhin, die konservative australische Regierung will helfen – und versprach bereits 2015, zwei Milliarden Australische Dollar, rund 1,3 Milliarden Euro, für die Rettung des Riffs bereitzustellen, verteilt auf zehn Jahre. Andererseits genehmigte sie fast zeitgleich den Ausbau des Kohlehafens Abbot Point an der Küste vor dem Great Barrier Reef. Es ist eine irrationale Ambivalenz, die in der Forschergemeinde für Ratlosigkeit sorgt.

Meeresbiologe Cantin formuliert es so: „All die Maßnahmen, an denen wir forschen, geben dem Riff einen zeitlichen Aufschub. Aber retten können wir es damit nicht. Das kann nur die Politik."

Von ihr wird abhängen, ob Dean Miller eines Tages seinem Kind, wenn es groß ist, das Wunder vor Australiens Ostküste zeigen kann. In der Realität, beim Tauchen in zehn bis 25 Meter Tiefe, und nicht nur auf alten Fotos.

Am Great Barrier Reef ist man nicht allein. Das musste auch mare-Redakteur Jan Keith, Jahrgang 1971, erfahren. Er teilte sich bei seiner Tagestour ein schmales Stückchen Riff mit 250 weiteren Schnorcheltouristen – vor allem aus China.

Der italienische Fotograf Giacomo d'Orlando, geboren 1990, fuhr für die Story sechsmal mit dem Boot, flog zweimal Hubschrauber und tauchte achtmal zum Riff.

Verena Kantrowitsch
Ich kann fliegen!
Flugangst: woher sie rührt, wofür sie steht und wie wir sie überwinden
mare
»Weit mehr als ein psychologischer Ratgeber: Kompetent und unterhaltsam erklärt Verena Kantrowitsch, warum Flugzeuge oben bleiben, woher Ängste wie die vorm Fliegen überhaupt rühren und wie wir uns endgültig davon befreien können. Lesen Sie dieses Buch über den Wolken. Und Ihre Angst vergeht im Flug.«
Frank Schätzing
336 Seiten,
zweifarbig mit Grafiken gestaltet,
Klappenbroschur mit Naturkarton
18 € [D]
ISBN 978-3-86648-600-3
www.mare.de
mare

Friedrich-Schiller-Universität, Jena

Antibiotika aus dem Meer

Immer mehr Bakterien werden resistent gegen gängige Antibiotika. Weltweit suchen Wissenschaftler deshalb nach neuen antibiotischen Wirkstoffen, um Infektionskrankheiten auch in Zukunft bekämpfen zu können. Nun hat das Team um den Mikrobiologen Christian Jogler von der Friedrich-Schiller-Universität in Jena auf einen Schlag 79 Meeresbakterien aus der Gruppe der Planctomyceten entdeckt, die sehr wahrscheinlich wirksame Antibiotika herstellen. „Bislang ging man davon aus, dass nur Bodenbakterien an Land Antibiotika produzieren können", sagt Jogler. „Wir kamen auf die Idee, im Meer zu suchen." Und zwar dort, wo sich besonders viele Mikroorganismen tummeln: auf den großen Algen, von deren Stoffwechselprodukten sich die Mikroorganismen ernähren. Ihre Hypothese: Um Konkurrenten in Schach zu halten, scheiden einige dieser Mikroorganismen antibiotische Stoffe aus, die andere Bakterien abtöten. Die Forscher lagen richtig. Eine Analyse des Bakterienerbguts zeigte, dass die Planctomyceten bislang unbekannte Genabschnitte besitzen, die die Information für den Bau kleiner Moleküle enthalten, darunter höchstwahrscheinlich auch Antibiotika. Ein eindeutiger Nachweis steht allerdings noch aus.

University of Tasmania, Hobart, Australien

Algensuche per App

Vor den Küsten Tasmaniens und Südaustraliens gibt es Gebiete, in denen mehrere Meter lange Riesenalgen dicht an dicht wachsen. Diese sogenannten Kelpwälder sind artenreiche Lebensräume mit vielen Krebs-, Muschel- und Fischarten. In den vergangenen Jahrzehnten aber sind die Kelpwälder vor Tasmanien um 95 Prozent geschrumpft. Experten sehen eine Ursache in veränderten Meeresströmungen, die das Meerwasser vor Tasmanien erwärmt haben. Dadurch ist es nährstoffärmer als früher. Forscher des Institute for Marine and Antarctic Studies der University of Tasmania bitten jetzt die Bevölkerung um Hilfe, um die verbliebenen Kelpwälder genauer zu erfassen. Zusammen mit einer Firma haben sie eine Smartphone-App entwickelt, in der Angler, Fischer oder Bootsführer Kelpflächen auf einer Karte eintragen können. „Wir wissen, dass in den Gewässern verstreut kleinere Kelpwälder überlebt haben", sagt Projektleiter Craig Johnson. „Aber es gibt kaum Aufzeichnungen darüber, wo diese liegen." Die Forscher hoffen, in den verbliebenen Wäldern Kelppflanzen zu finden, die im warmen und nährstoffärmeren Wasser zurechtkommen. Sie wollen diese Pflanzen nutzen, um anderswo verlorene Kelpwälder wieder aufzuforsten.

Max-Planck-Institute

Der vergessene Stoffwechselweg

Meeresalgen nehmen durch die Fotosynthese große Mengen Kohlendioxid (CO_2) auf. Damit beeinflussen sie den weltweiten Kohlenstoffkreislauf. Bei der Fotosynthese wird ein Nebenprodukt frei, die Glykolsäure. Experten schätzen, dass Algen jedes Jahr eine Milliarde Tonnen Glykolsäure erzeugen – eine recht große Menge, wenn man bedenkt, dass durch die Aktivität des Menschen jährlich etwa 40 Milliarden Tonnen CO_2 ausgestoßen werden. Bislang nahmen Forscher an, dass die Meeresbakterien einen Großteil der Glykolsäure so abbauen, dass das ursprünglich von den Algen aufgenommene CO_2 wieder freigesetzt wird. Doch wie Forscher vom Max-Planck-Institut für terrestrische Mikrobiologie in Marburg und für Marine Mikrobiologie in Bremen herausgefunden haben, ist diese Hypothese falsch. Sie stießen auf eine 50 Jahre alte wissenschaftliche Veröffentlichung, wonach einige Bodenbakterien die Glykolsäure nicht zu CO_2 abbauen, sondern daraus ein größeres Molekül, das Beta-Hydroxyaspartat, bilden. Damals wurde diesem Stoffwechselweg wenig Beachtung geschenkt. Nun aber konnte das Max-Planck-Team durch genetische Untersuchungen zeigen, dass die meiste Glykolsäure im Meer tatsächlich nicht in CO_2, sondern in Beta-Hydroxyaspartat umgewandelt wird. „Um den Klimawandel richtig einschätzen zu können, muss man alle CO_2-Quellen weltweit quantifizieren können", sagt Tobias Erb, Mikrobiologe am Max-Planck-Institut für terrestrische Mikrobiologie. „Unsere aktuelle Arbeit zeigt, dass man dafür besonders die biochemischen Prozesse im Meer wie den Abbau von Algenstoffwechselprodukten richtig verstehen muss."

Johannes-Gutenberg-Universität, Mainz

Urzustand der Meere

Wie sah das Meer aus, bevor der Mensch anfing, es auszubeuten? Dieser Frage geht das Projekt „Seachange" nach. Die Forscher blicken 6000 Jahre zurück, um herauszufinden, wie sich Meereslebensräume nach der Besiedlung von Küsten oder durch neue Fangtechniken entwickelt haben – etwa die Gewässer um Island nach Ankunft der Wikinger oder der Südatlantik mit dem Walfang. „Durch Schutzmaßnahmen versucht man heute, das Meer möglichst in seinen Ursprungszustand zurückzuversetzen", sagt Bernd R. Schöne, Paläontologe an der Universität Mainz, der an „Seachange" beteiligt ist. „Doch ist noch völlig unklar, wie die Ökosysteme im Meer eigentlich aussahen, ehe der Mensch sie veränderte." Die Forscher tragen nun anhand von Bodenproben und jahrtausendealten Abfällen aus Muschel- und Schneckenschalen Indizien zusammen und setzen mathematische Ökosystemmodelle ein. Die Arbeit wird mit 11,8 Millionen Euro durch den Europäischen Forschungsrat gefördert.

Eisschollen-Rallye

Es ist eine einzigartige Expedition des Alfred-Wegener-Instituts: An Bord der „Polarstern" lassen sich Forscher für ein Jahr in der Arktis einfrieren und treiben. In jeder mare-Ausgabe berichten sie von ihren Erlebnissen. Heute schildert Kapitän Stefan Schwarze, 57, die nervenaufreibende Suche nach einer geeigneten Scholle zum Überwintern

Text: Stefan Schwarze Foto: Esther Horvath

TROMSØ, AM 20. SEPTEMBER 2019. DIE QUERstrahler arbeiten, und langsam drücken sie die „Polarstern" von der Pier. Der Lotse ist an Bord, die Besatzung auf Manöverstation. An der Pier stehen viele eigens angereiste Menschen und winken uns zu. In der ersten Reihe meine Frau. Etwas verloren steht sie da; sieben Monate bleibe ich auf See. Auf Expedition. Eingefroren in der Arktis. Der logistische Aufwand ist gigantisch. Dennoch liegt vieles im Ungewissen. Amundsen hat gesagt: Abenteuer ist ein Mangel an Planung. Erwartet uns das Abenteuer?

Elegant dreht das Schiff in den Fjord und lässt Tromsø hinter sich. Wir fahren gemeinsam mit dem russischen Forschungseisbrecher „Akademik Fedorov" ins Eis. Er hat noch Ausrüstung sowie Forscher und Techniker an Bord, die uns bei der Suche nach einer geeigneten Scholle und später beim Aufbau der Messstationen helfen.

Beim Bau eines Eislagers hält „Polarstern"-Kapitän Stefan Schwarze (links) Eisbärenwache. Mit dabei ist Erster Offizier Uwe Grundmann

Gegen Mitternacht verlassen wir die norwegische Küste. Der Lotse ist schon von Bord gegangen. *„Good luck, Captain, safe return for you and your ship."*

Das Leuchtfeuer von Fugløya leuchtet uns noch lange nach. Kurs rechtweisend 049, zur Nordküste Nowaja Semljas. Dann durch das Schelfgebiet der Karasee, das sehr gut vermessen ist. Der Meteorologe an Bord kündigt Schlechtwetter an: Wind aus Nordost, Beaufort sieben, vier Meter Welle. Das steckt das Schiff locker weg. Also weiter. Wir haben es eilig. Wir müssen noch vier Messgeräte bergen, jedes so teuer wie ein Einfamilienhaus, die in der Karasee auf dem Meeresgrund abgesetzt wurden und nun, nach einem Jahr Messzeit, automatisch auftauchen.

Am 25. September fahren wir ins Meereis. Drei Tage später sind die Messgeräte geborgen, und wir setzen die Fahrt fort nach Norden, ins Zielgebiet bei 85° N 135° O. Hier treffen wir auf einen starken Strom, die Transpolardrift, der nach Nordwesten quer durch den Arktischen Ozean knapp am Pol vorbeiführt und schließlich in die Framstraße zwischen Spitzbergen und Grönland mündet. Mit dieser Strömung wollen wir driften.

Die „Akademik Fedorov" ist bereits auf der Suche nach einer geeigneten Scholle. Sie hat zwei Mi-8-Hubschrauber mit großer Reichweite an Bord. Unsere Hubschrauber sind kleiner. In einem Gebiet von mehreren hundert Quadratkilometern werden 17 große Schollen beprobt. Schon im Vorfeld wurden Satellitenbilder ausgewertet. Unsere Wunschscholle sollte möglichst über zwei Kilometer lang sein und mindestens einen Winter unbeschadet überstanden haben.

Doch die Suche ist ernüchternd: Es gibt keine ausreichend großen Schollen, die älter als ein Jahr sind. In letzter Zeit ist ein immer größerer Teil der zentralen Arktis im Sommer eisfrei. Das Eis wird einfach nicht mehr alt. Aber wir dürfen nicht aufgeben. Nur hier kann die Drift beginnen.

Am 30. September stoppen wir auf der Position 85° 07,3' N 138° 04,6' O in der Nähe einer 2,5 mal 3,5 Kilometer großen Scholle. Eine Gruppe von Meereisphysikern fliegt hinüber und nimmt Probebohrungen vor. Die Ergebnisse sind nicht berauschend. Aber die Scholle ist besser als alles, was wir bislang beprobt haben. Der überwiegende Teil besteht aus 30 Zentimeter starkem Neueis, aber sie hat einen ein mal zwei Kilometer großen Kern aus übereinander geschobenem, fest gepresstem Eis mit Stärken zwischen 0,5 und 1,4 Metern. Wir investieren einen weiteren Tag in die Vermessung. Die Kollegen von der „Akademik Fedorov" melden, dass ihre Suche bislang vergeblich war. Die Zeit drängt. In 14 Tagen setzt die Polarnacht ein, und wir müssen bis dahin ein Camp aus mehreren Hütten aufgebaut und die Mehrzahl der Messgeräte installiert haben.

Wir treffen uns im „Blauen Salon" der „Polarstern", die Kapitäne der „Polarstern" und der „Akademik Fedorov", die Fahrtleiter sowie die Meereisexperten beider Schiffe. Die Messergebnisse der in Betracht kommenden Schollen werden verglichen. Unsere Scholle, die wir zwei Tage lang gründlich untersucht haben, ist die mit dem größten Potenzial. Sie könnte den Winter überstehen. Alle sind sich einig: Wir haben unsere Scholle gefunden.

ERKUNDEN
SPITZBERGEN
MIT POSEIDON EXPEDITIONS – DER ERSTEN WAHL FÜR JEDEN, DER DIE ARKTIS MIT ALL IHRER UNGLAUBLICHEN VIELFALT AN BORD EINES KLEINEN EXPEDITIONSSCHIFFES ERLEBEN WILL.
ANGEBOT: BIS ZU 15 % ERMÄSSIGUNG AUF SPITZBERGEN 2020
ALLE REISETERMINE 2020 INKL. FLUG* UND TRANSFER
Foto: © Page Chichester, Poseidon Expeditions

mareRadio

Jeden ersten Sonntag im Monat auf Bremen Zwei

EXPEDITIONEN
HINTERM HORIZONT GEHT'S WEITER

Sonntag, 1. März, 12.05–14 Uhr

Wie klein wäre unsere Welt, wären nicht Seefahrer aufs offene Meer hinausgefahren, zur Orientierung nichts als Himmel, Meer, Vögel, Fische, genaue Naturbeobachtung? Sie entdeckten die Vielfalt und den Reichtum anderer Länder und Völker, sie zogen los, um zu erobern, zu plündern oder um Handelswege zu erschließen. Viele ließen bei der Suche nach der kürzesten Seestrecke zwischen Kontinenten und Inseln ihr Leben. Heute wagen sich Wissenschaftler in Gebiete vor, die kein Mensch je bewohnt hat – zum Beispiel mit dem Forschungsschiff „Polarstern". Sie wollen die Kräfte verstehen, die das Leben auf dieser Erde beeinflussen und möglich machen. mareRadio setzt sich auf die Spuren der Mutigen, die entweder gewagt und gewonnen haben oder gewagt und verloren.

GÄRTEN
VOM WACHSEN UND WUCHERN

Sonntag, 5. April, 12.05–14 Uhr

Nicht nur an Land wächst und wuchert es im Frühling, auch im Meer sprießt, sprosst und grünt es. mareRadio besucht gärtnernde Fische und blühende Gewächshäuser unter Wasser, in denen schon jetzt die Lebensmittel der Zukunft gedeihen.

Termine

ALKERSUM / FÖHR

Seestücke – Von der Romantik zur Klassischen Moderne. SEE STÜCKE – Fakten und Fiktion

Während die Ausstellung „Seestücke" mit Werken der Sammlung des Museums die sich über Jahrzehnte wandelnden Einstellungen zum Meer widerspiegelt, konzentriert sich die Parallelschau „SEE STÜCKE" auf die Gegenwartskunst. 23 internationale Positionen sind vertreten. 1.3.–7.6., Di–So 10–17 Uhr. Das Museum ist bis zum 29.2. geschlossen. Museum Kunst der Westküste. www.mkdw.de

BASEL (CHE)

Wildlife Photographer of the Year

Gezeigt werden die besten Naturfotografien des Jahres 2019. Die Ausstellung verfolgt das Ziel, ein Bewusstsein für die Schönheit der Natur zu wecken. Gleichzeitig ist sie ein eindringlicher Appell, verantwortungsvoll mit der Natur und ihren Lebewesen umzugehen. Die Schau wurde konzipiert vom Natural History Museum in London. Bis 29.3., Di–So 10–17 Uhr, Naturhistorisches Museum. www.nmbs.ch

BREMERHAVEN

Sea Changes – Welt und Meer im Wandel

Eine Sonderausstellung über die Wechselwirkungen zwischen Mensch und Meer im Spannungsfeld von Forschung, Wissenschaft und Schifffahrt. Bis 31.3., Di–So 10–18 Uhr, Deutsches Schifffahrtsmuseum. www.dsm.museum

HAMBURG

Fisch. Gemüse. Wertpapiere. Fide Struck fotografiert Hamburg 1930–1933

Nachdem die Fotografien von Friedrich „Fide" Struck (1899–1976) erst 2015 in einem alten Koffer wiederentdeckt wurden, werden die Arbeiten des autodidaktischen Arbeiterfotografen in Zusammenarbeit mit der Stiftung F. C. Gundlach jetzt zum ersten Mal präsentiert. Markante Porträts und ungewöhnliche Perspektiven zeichnen das Werk, von Struck, der in den frühen 1930er-Jahren in Hamburg fotografierte, aus. Bis 30.4., Mo, Mi–Fr 10–17, Sa, So 10–18 Uhr. Altonaer Museum, www.shmh.de/de/altonaer-museum

FLENSBURG

Wracks – Wrecks – Relitti

Der Fotograf und bildende Künstler Stefano Benazzo war vor seiner Pensionierung italienischer Botschafter. Inspiriert von der Erinnerungskultur der Seefahrt, widmet er besondere Aufmerksamkeit Schiffwracks in aller Welt. Bis 1.3., Di–So 10–17 Uhr, Flensburger Schifffahrtsmuseum. www.flensburg.de

PARIS (FRA)

Leonardo da Vinci

2019 jährte sich zum 500. Mal der Tag des Todes von Leonardo da Vinci in Frankreich – was von besonderer Bedeutung für den Louvre ist, der die weltweit größte Sammlung von da Vincis Gemälden und Zeichnungen besitzt. Neben den fünf bedeutendsten Hauptwerken des großen Malers und Universalgelehrten der Renaissance zeigen bisher selten gezeigte Papierarbeiten sein Verhältnis zu Meer und Wasser. Bis 24.2., Mo 9–18, Mi, Fr 9–21.45, Do, Sa, So 9–18 Uhr, Louvre. Eine Online-Ticketreservierung ist wegen des großen Publikumsandrangs obligatorisch. www.louvre.fr

SCHLESWIG

Holger Rüdel – Island 2019

Holger Rüdels 31 Fotografien der Ausstellung zeigen einige kaum bekannte Orte der Insel im Nordatlantik, aber auch populäre Ziele wie zum Beispiel die Wasserfälle Goðafoss und Kirkjufellsfoss. Die

Veranstaltungshinweise an:
mare-Termine
Wiebke Böse
Sandthorquaihof, Pickhuben 2
20457 Hamburg
Fax: 040/369 859 99
E-Mail: termine@mare.de
Redaktionsschluss für die nächste Ausgabe: 16. 3. 2020

Schau ist ein Projekt des Fotoclubs Schleswig. Bis 15.3., Di–So 10–17 Uhr, Stadtmuseum. www.stadtmuseum-schleswig.de

STUTTGART

Riesig im Meer

Die große Säulenhalle des Schlosses Rosenstein wird zum Meer. Besucher der Sonderausstellung gehen auf eine Reise in die geheimnisvolle Welt unter Wasser. Seiwal und Pottwal, Walhai und Weißer Hai – der für die Schau neu gestaltete zentrale Meeressaal ist ein Raum der Superlative. Bis 14.6., Di–Fr 10–17, Sa, So 10–18 Uhr, Schloss Rosenstein. www.naturkunde museum-bw.de

VANCOUVER (CAN)

Ship's Company. The Royal Canadian Navy at Work and Play

Ausstellung mit Fotografien von Kathryn Mussallem. Ihre Bilder zeigen das Leben an Bord, die Matrosen, die sich auf ihre Arbeit konzentrieren, ihre unbeschwerten Possen zu Wasser und zu Land, emotionale Heimkehr und alltägliche Momente. Sie sind eine Hommage an die Seeleute, die hart arbeiten, aber auch gern spielen und immer wieder nach Hause zurückkehren. Bis 10.5., Mo–So 10–17, Do bis 20 Uhr, Vancouver Maritime Museum. www.vancouvermaritime museum.com

ZINGST

Behind the Arctic Science

Esther Horvath – Fotografin der mare-Serie „Die Arktisreise der Polarstern" (Seite 118) – begleitet als Fotografin und Bildredakteurin die Forschungsarbeiten des Bremerhavener Alfred-Wegener-Instituts (AWI), das weltweit führend ist in der Erforschung der Polarregionen. Horvath dokumentiert die Arbeit der Wissenschaftler und das alltägliche Leben in den Forschungsstationen mit Bildern, die bisher ungesehene Einblicke gewähren. Und nicht zuletzt zeigen ihre Fotografien auch die grandiose Schönheit der polaren Landschaften. Ihre sehenswerte Open-Air-Installation zeigt vor allem auch: Wer den Klimawandel noch immer nicht zur Kenntnis genommen hat, wird hier augenfällige Beweise finden, wie es um die Erderwärmung bestellt ist. Bis 1.3., Max Hünten Haus. www. zingst.de/max-huenten-haus

POTSDAM

Monet. Orte

Für seine Meeres- und Landschaftsbilder suchte Claude Monet (1840–1926) immer wieder die gleichen Orte auf oder fertigte an einer Stelle Serien an. So entstanden etliche Gemälde an der Küste der Normandie (im Bild „Steilküste von Aval", 1885), im holländischen Zaandam, in London und Venedig. Ihn interessierten Licht- und Wetterphänomene und ihre Wirkungen auf diese Orte. Auch an seinen Wohnorten Paris, Argenteuil, Vétheuil und Giverny gewann er der alltäglichen Umgebung Motive wie Parks, Gärten und Seerosen ab, mit denen er seine Auseinandersetzung mit Licht und Farbe vorantrieb. Die sehenswerte prächtige Schau zeigt 110 wichtige Gemälde aus allen Schaffensphasen Monets. **22. Februar bis 1. Juni, Mo, Mi bis So 10 bis 19 Uhr, Museum Barberini. www.museum-barberini.com**

mareTV

Jeden ersten und dritten Donnerstag im Monat im NDR Fernsehen

SOMMER AUF NEUFUNDLAND

6. Februar, 20.15 Uhr, NDR Fernsehen

ST. VINCENT UND DIE GRENADINEN

20. Februar, 20.15 Uhr, NDR Fernsehen

Karibischer als auf St. Vincent und den Grenadinen geht es kaum – nicht zufällig wurden hier große Teile der Piratensaga „Fluch der Karibik" gedreht. mareTV begleitet eine Unternehmerin, die mit ihrem Wäscheboot Yachten ansteuert; ein Fechterschneckentaucher trotzt fünf Meter hohen Wellen; in einer Modellbootswerft entstehen Nachbauten von Segelschiffen, und der Leuchtturmwärter von Kingstown fühlt sich verantwortlich für das Schicksal der ganzen Nation.

MYKONOS UND SEINE SCHWESTERINSELN

5. März, 20.15 Uhr, NDR Fernsehen

WESTMALAYSIA

19. März, 20.15 Uhr, NDR Fernsehen

DIE VULKANINSEL LA PALMA

2. April, 20.15 Uhr, NDR Fernsehen

Welches Heft fehlt Ihnen noch?

**Alle unten gezeigten mare-Ausgaben sind in unserem Shop erhältlich.
Bestellen Sie einfach und schnell unter www.mare.de oder kontaktieren Sie uns per Telefon +49/(0)34206/65-135 oder per Fax +49/(0)34206/65-1739.
Die Hefte No. 1 bis 18 sowie 20, 21, 23, 25, 28, 30, 32, 35, 83, 101 und 111 sind leider vergriffen.**

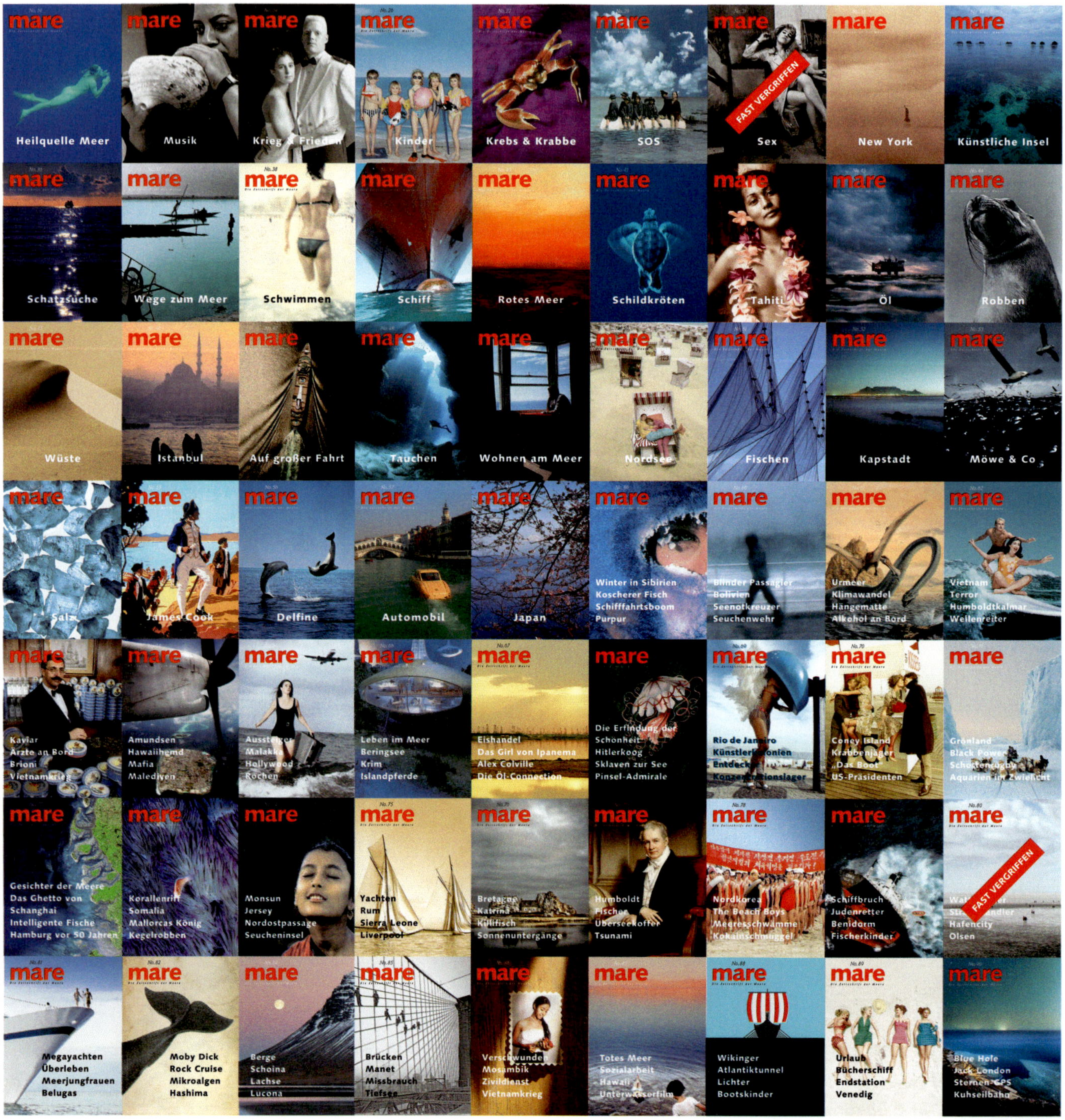

In unserem mareshop unter www.mare.de finden Sie nicht nur sämtliche mare-Hefte, -Bücher, -Kalender und -Bildbände, sondern auch passende Schuber, unsere beliebten Badetücher und viele weitere Produkte. Und wenn Sie vergriffene Hefte suchen oder Platz in Ihrem mare-Regal schaffen wollen, dann schalten Sie doch eine Gratisanzeige in unserem Hafenbasar (bei „Fundstücke") oder handeln dort mit Ihren gebrauchten Heften.

Zum Beispiel: mare-Sammelbox 18 €

Alle Preise zuzüglich Versandkosten (in D pauschal 3,50 €, EU 5 €, übrige Länder 7,50 €). Die Versandkosten entfallen, wenn der Bestellwert den Betrag von 25 € überschreitet (gilt nur für D und A). mare-Hefte sind, soweit nicht vergriffen, zum Preis von 7,50 € (ab No. 74: 8,50 €, ab No. 98: 9,50 €, ab No. 131: 12 €) erhältlich.

Imposante Installation: Eine Apnoetaucherin gleitet über das Museum

Kultur

Museum als Leinwand

Das Deutsche Schifffahrtsmuseum in Bremerhaven ist zur Leinwand geworden. Unter dem Titel „Screening Northern Lights“ wurden von November 2019 bis Januar 2020 riesige Bilder zum Thema Polarforschung auf das Dach projiziert, darunter Polarlichter, kalbende Gletscher und Sequenzen, die die Apnoetaucherin Anna von Boetticher beim Tauchen unter dem Eis zeigen. „Es ist ein gewaltiges Bild, wenn eine 50 Meter lange Taucherin elegant über das Dach gleitet und ins Museum eintaucht. Es ist eine auf die Architektur maßgeschneiderte Bewegtbildprojektion, die viel über das Gebäude und seinen Zweck erzählt“, sagt Ausstellungsmacher Helmut M. Bien von Westermann Kulturprojekte, der das Konzept erdacht hat. Auch der Einfluss des Klimawandels auf die beiden Pole wurde in der Installation aufgegriffen. Bien will zeigen, wie fragil die Polargebiete sind. „Die Pole sind weit entfernt, kaum jemand hat eine persönliche Erfahrung mit diesen extremen Lebensräumen. Dennoch haben sie einen bestimmenden Einfluss auf unsere Lebensqualität.“ Das Bremerhavener Museum stellt sich derzeit neu auf. Es will mehr als Technikgeschichte zeigen und die Beziehung von Mensch und Meer in den Mittelpunkt rücken. Sunhild Kleingärtner, Museumsdirektorin und Professorin für Schifffahrtsgeschichte und Maritime Archäologie, betont: „Es ist die Chance, aus maritimer Perspektive gesellschaftlich relevante Themen aufzugreifen.“ *mz*

Meteorologie

Stürme verursachen Erdbeben

Hurrikane können das Meer so stark aufwühlen, dass der Ozeanboden zu schwingen beginnt. Forscher der Florida State University konnten nachweisen, dass Stürme vor allem in Küstennähe leichte Erdbeben mit einer Magnitude von bis zu 3,5 auslösen können. Solche Beben sind von Menschen vor Ort spürbar und bis weit ins Land messbar. „Stormquakes“, Sturmbeben, nennen die Wissenschaftler um Wenyuan Fan dieses neue geophysische Phänomen im Fachmagazin „Geophysical Research Letters“. „Das Aufregende ist, dass seismische Quellen aufgrund von Hurrikanen von Stunden bis hin zu Tagen dauern können“, erklärt Fan. Stormquakes brauchen allerdings bestimmte geologische Voraussetzungen. So scheinen sie nur am Rand eines breiten Kontinentalschelfs oder an Bänken im Meer zu entstehen. Nur in diesen seichten Meeresgebieten kann sich die Energie der Wellen konzentrieren, sodass ihr Druck in den Boden geleitet wird und gleichförmige Erschütterungen erzeugt. Die Wellen wirkten dann wie ein gewaltiger Hammer, der immer wieder aufschlägt, sagt Fan. Die dabei entstehenden Oberflächenwellen auf dem Meeresboden, sogenannte Rayleighwellen, können sich weit über Kontinente hinweg ausbreiten. Nachweisen konnten die Forscher sie an der Atlantikküste vor den USA und Kanada, an Kanadas Pazifikküste und am Golf von Mexiko – zum Beispiel nach den Hurrikanen „Ike“ (2008), „Bill“ (2009) und „Irene“ (2011). *mz*

Archäologie

Ältester Damm der Welt

Die Bewohner der Küstensiedlung Tel Hreiz im heutigen Israel haben sich in der Steinzeit vor 7000 Jahren mit einer Mauer vor dem steigenden Meeresspiegel geschützt. Die etwa 100 Meter lange Anlage aus tonnenschweren, rundlichen Gesteinsbrocken lag lange Zeit im Mittelmeer versunken. 2012 wurden sie nach einem schweren Sturm teilweise freigelegt. „Der Damm ist einzigartig für diese Zeit und die älteste bekannte Küstenschutzanlage der Welt“, schreiben die beteiligten Unterwasserarchäologen aus Israel und Australien im Fachmagazin „PLOS One“. Die Bewohner müssen die schweren Steine aus einem zwei Kilometer entfernten Flussbett herangeschleppt und etwa drei Meter vor dem Zentrum der Siedlung aufgestellt haben, so die Wissenschaftler. Auf natürliche Weise seien die Steine, jeder bis zu einem Meter breit, einem Meter hoch und einer Tonne schwer, auf keinen Fall ins Meer gelangt. Der Ort Tel Hreiz bei Haifa an der Karmelküste im Norden Israels lag ursprünglich zwei bis drei Meter über dem Meeresspiegel. Nach der letzten Eiszeit schmolzen dann die Gletscher, und die Pegel im Mittelmeer stiegen an. „Während der Jungsteinzeit erlebten Menschen im Mittelmeerraum im Verlauf ihres Lebens einen Meeresspiegelanstieg von etwa zwölf bis 21 Zentimetern“, sagt Ehud Galili, Archäologe an der Universität Haifa. Siedlungen an den Küs-

ten kämpften in jener Zeit gegen den Untergang. Gelungen ist das im Fall von Tel Hreiz nicht: Nachdem der Ort für etwa 300 bis 500 Jahre bewohnt war, mussten die Menschen ihn aufgeben. *mz*

Architektur

Leuchtturm gerettet

Der berühmte Leuchtturm auf der Wanderdüne Rubjerg Knude im Norden Dänemarks ist gerettet. Der 23 Meter hohe Turm in der Gemeinde Hjørring in Nordjütland drohte wegen Erosion der Küste in die Nordsee abzustürzen. Weil das „Rubjerg Knude Fyr“ 60 Meter hoch über dem Meer liegt, ist es bei Touristen besonders beliebt: 250 000 Menschen wollen den Leuchtturm jedes Jahr sehen. Auf Rollelementen und Schienen wurde der 700 Tonnen schwere Turm nun aus der Gefahrenzone bewegt. Rund 25 000 Schaulustige beobachteten den spektakulären Umzug, der sechs Stunden dauerte. Ob die Versetzung gelingen würde, war bis zuletzt unklar. „Vieles kann schiefgehen, aber wir gehen gern das Risiko ein, weil die Alternative wäre, ihn abstürzen zu lassen“, schrieb Hjørrings Bürgermeister Arne Boelt vor Beginn der Aktion. Am Ende ging alles gut aus. 80 Meter vom ursprünglichen Standort entfernt wurde das Fundament neu verankert. Seitdem steht das „Rubjerg Knude Fyr“, das nach dem Umzug noch frisch gestrichen wurde, Besuchern wieder offen. Die dänische Regierung finanzierte die Aktion mit umgerechnet 670 000 Euro. Der Leuchtturm, erbaut im Jahr 1899, wurde bereits 1968 stillgelegt – auch weil die Sanddüne so hoch gewachsen war, dass sie das Licht des Turmes blockierte. Seit 2016 ist er für Besucher zugänglich – und das wird auch so bleiben. *mz*

Umzug überstanden: Der Leuchtturm Rubjerg Knude drohte abzustürzen

Vor 15 Jahren

Wissower Klinken auf Rügen stürzen ins Meer

Caspar David Friedrich hat sie zwar nicht gemalt, wie fälschlicherweise lange angenommen. Und doch sind die Wissower Klinken auf der Insel Rügen eine Berühmtheit. Zu Beginn des 21. Jahrhunderts begeben sich jährlich Hunderttausende Menschen zu den spitz vor der Ostsee aufragenden Kreideformationen. Sie sind ein Wahrzeichen Rügens, eines der beliebtesten Fotomotive der Insel. Doch auf einmal, von einem Moment auf den anderen, ist es vorbei. In der Nacht vom 23. auf den 24. Februar 2005 brechen die beiden Hauptzinnen der Wissower Klinken ab. 50 000 Kubikmeter Kreide stürzen in die Ostsee. Übrig bleiben nur zwei Stümpfe. Der Schock über den Verlust ist groß, doch das Ereignis kam nicht ganz unerwartet. Noch am Tag des Abbruchs erklärt Manfred Kutscher vom Nationalparkamt Rügen: „Es hatte in den letzten Jahren bereits mehrere Abbrüche und auffällige Risse gegeben, sodass zu vermuten war, dass die Klinken demnächst das Zeitliche segnen.“ Schon immer waren Rügens Kreidefelsen besonders anfällig für Erosion – ein natürlicher Prozess, der nicht aufzuhalten ist. Niemand kann voraussagen, welcher Teil der Steilküste als nächster ins Meer stürzen wird. Besonders gefährdet sind die Felsen im Winterhalbjahr: Regenwasser, das im Herbst in die Kreide eingedrungen ist, friert und verursacht haarkleine Risse im Sediment. Bei Tauwetter verlieren die Felsen schließlich an Stabilität. Von den Wissower Klinken verabschiedeten sich die Rügener mit einem anrührenden Konzert. Gespielt wurde Johannes Brahms' Sinfonie Nr. 1 c-Moll op. 68. Brahms hatte sich seinerzeit beim Komponieren des vierten Satzes von den Felsen inspirieren lassen. Er schrieb 1876 an einen Freund: „An den Wissower Klinken ist eine schöne Sinfonie hängen geblieben.“ *fk*

Illustration: Ueli Etter

Ärger: Die Macher von Sydneys „Sculpture by the Sea" drohen mit Umzug

Kunst
Streit um Strandausstellung

Die bekannte Open-Air-Ausstellung „Sculpture by the Sea" in Sydney hat möglicherweise zum letzten Mal am Bondi Beach stattgefunden. Jedes Jahr im Südfrühling bauen die Ausstellungsmacher auf der zwei Kilometer langen Strecke zwischen Bondi Beach und Tamarama Beach rund 100 Skulpturen von Künstlern aus aller Welt auf. 111 Werke waren es 2019, darunter ein pinkfarbener Panzer des tschechischen Künstlers David Černý und ein luftiges Vieleck aus Stahl mit dem Titel „The Poetry of Logical Ideas". Der Pfad durch die Ausstellung führt entlang der Klippen. „Das ist der Ort, an dem Skulpturen gesehen werden sollen: draußen, nicht innerhalb von vier Wänden", sagt Ausstellungsgründer David Handley. Ob die legendäre Ausstellung auch 2020 zwischen Bondi und Tamarama zu sehen sein wird, ist unklar. Ein neuer asphaltierter Pfad und ein knallbunter Sportplatz hatten Handley und sein Team verärgert. Einige bereits bestätigte Ausstellungspunkte seien dadurch verunstaltet worden. „Wir bereiten den Künstlern eine Bühne, auf der sie spielen können. Aber wenn diese Bühne verändert wird und wir nicht wissen, was wir den Künstlern anbieten können, wird unsere Arbeit schwierig", so Handley. Das Team sucht nun aktiv nach einem neuen Ort, eine Entscheidung soll Anfang 2020 fallen. *mz*

Wirtschaft
Insel (fast) ohne Kupfergeld

Auf der ostfriesischen Insel Wangerooge wird es künftig nur noch wenige 1-, 2- und 5-Cent-Münzen geben. Die Volksbank Jever will das Kupfergeld nicht mehr dorthin liefern, weil der Transport unwirtschaftlich ist. „Wir bringen jedes Jahr etwa zehn Tonnen Hartgeld hinüber", erklärt Martin Schadewald, Vorstandsmitglied der Bank. Meist geschieht das per Flugzeug, weil die Fähren abhängig von den Gezeiten sind. Die Bank empfiehlt Geschäftsinhabern auf der Insel nun, Beträge auf- oder abzurunden. Kartenzahlungen würden aber weiterhin centgenau gebucht. Einige Händler überlegen nun, sich in Eigeninitiative Wechselgeld auf dem Festland zu beschaffen. Ein Inselbäcker: „Ich kann ja nicht auf einmal die Brötchen fünf Cent teurer machen. Und bei fünf Cent weniger schneide ich mir ins eigene Fleisch." Die anderen Inseln werden weiterhin mit Kleingeld versorgt. *mz*

Ökologie
Hotelinsel aus Plastikflaschen

In einer Lagune vor der westafrikanischen Elfenbeinküste schwimmt eine Hotelinsel auf 700 000 leeren Plastikflaschen. „L'Île Flottante", die schwimmende Insel, nennt der französische IT-Unternehmer Eric Becker sein Ökoresort, das derzeit an einem festen Punkt in der Lagune fixiert ist. Den Plastikmüll hat er mit Helfern rund um Abidjan gesammelt, der größten Stadt des Landes. „Wir nehmen etwas Negatives, die Umweltverschmutzung durch Plastikflaschen, und machen daraus etwas Positives", erklärte Becker der Nachrichtenagentur AFP. Zunächst wohnte Becker selbst auf der Insel, baute sie aber mit Bungalows, zwei Swimmingpools, einem Restaurant und einer Karaokebar weiter aus. Die Hotelinsel ist inzwischen 1000 Quadratmeter groß. Becker will vor allem neugierige Einheimische und Ökotouristen anlocken. Gäste können mit einer Fähre für umgerechnet 22 Euro zum Essen übersetzen; eine Übernachtung kostet 90 Euro. *mz*

Schwimmendes Resort: 700 000 leere Plastikflaschen sorgen für Auftrieb

Materialforschung
Unsinkbares Metall

Forscher haben ein Metall entwickelt, mit dem Schiffe künftig unsinkbar werden könnten. Dabei ließen sie sich von einem Trick der Wasserjagdspinne inspirieren. Bei ihr schaffen winzige, Wasser abweisende Borsten eine auftriebsfördernde Luftschicht zwischen Körper und Wasser. Dieses Prinzip übertrug Chunlei Guo, Physiker an der University of Rochester im US-Bundesstaat New York, auf Metalle. Per Laser gravierte er auf einer Aluminiumoberfläche Nanostrukturen, die das Wasser vollständig abperlen lassen. Zwei solcher gravierten Metallbleche verbaute der Forscher zu einem Sandwich mit nach innen zeigenden Strukturen. Durch den minimalen Abstand zwischen den Blechen bildet sich ein schmaler, luftgefüllter Hohlraum. So wird das Metall unsinkbar. Diese Technik funktioniere bei allen Metallen und Werkstoffen, die eigentlich nicht schwimmen können, so Guo. Er sieht eine Fülle praktischer Anwendungen. „Sie reichen von unsinkbaren Schiffen und Bojen über Schwimmwesten, die selbst bei Beschädigungen nicht untergehen." Noch aber braucht der Laser gut eine Stunde für ein 6,5 Quadratzentimeter großes unsinkbares Metallstück. Mit einem schnelleren Laser aber soll laut Guo schon bald eine industrielle Anwendung in greifbare Nähe rücken. *jsc*

Schöne Aussicht: Eine neue Attraktion veredelt das Whalewatching

Tourismus
Flosse am Nordmeer

Ein Besucherzentrum in Form einer riesigen Walflosse entsteht auf der Insel Andøya im Norden Norwegens, 300 Kilometer nördlich des Polarkreises: „The Whale". Auf dem riesigen begehbaren steinernen Dach können Touristen nach Walen Ausschau halten. An Andøyas Nordspitze herrschen optimale Bedingungen für die Beobachtung von Pottwalen und Orcas, oft auch von Grind-, Zwerg- und Buckelwalen oder Delfinen. Das liegt an der besonderen Lage der Insel an einem Ozeangraben. Wenige Kilometer vor der Küste fällt der Meeresboden mehr als 1000 Meter steil ab. Es ist der einzige Graben, der so nah am europäischen Kontinent verläuft. In diesen tiefen, kalten Gewässern leben viele Tintenfische, die wiederum Pottwale anlocken. In dem Fischerort Andenes auf Andøya starten deswegen viele Whalewatchingtouren. Rund 50 000 Besucher kommen jedes Jahr, von denen 30 000 eine Walsafari buchen. Das neue Erlebnis- und Wissenszentrum „The Whale" soll nun noch mehr Touristen in den Norden locken und 2022 fertig sein. Entworfen wurde das Gebäude, das wie ein sanfter Hügel in die felsige Küstenlandschaft eingebettet ist, vom dänischen Architekturbüro Dorte Mandrup. „Das Gebäude ist poetisch, unaufdringlich und gleichzeitig aufregend und ungewöhnlich", sagt Børre Berglund, Leiter des Besucherzentrums. Polarlichter sind auf Andøya, der nördlichsten Insel Vesterålens, ebenfalls gut zu sehen, und von Mai bis Juli auch die Mitternachtssonne. Im Inneren von „The Whale" wird es Ausstellungen geben sowie einen Shop, Gastronomie und Büros. Die Baukosten sollen rund 20 Millionen Euro betragen. *mz*

Bei der Balz kann ein Pinguin seinem Partner Steine anbieten.

Seenotrettung
Mini-Flieger hilft Helfern

Die deutschen Seenotretter bekommen Unterstützung aus der Luft. Ein 25 Kilogramm leichtes Miniflugzeug soll bei komplizierten Einsätzen Liveinformationen und -bilder vom Unglücksort zum Boden senden – noch vor dem Eintreffen der ersten Rettungskräfte. Entwickelt wurde das System in dreijähriger Forschungsarbeit unter dem Namen „Larus" von der Deutschen Gesellschaft zur Rettung Schiffbrüchiger (DGzRS) und mehreren Partnern. Die Forscher bestückten dabei ein unbemanntes Starrflügelflugzeug mit 3,6 Meter Spannweite mit Kommunikations- und Sensortechnik. Entstanden ist ein Hightech-Suchgerät, das vom Boden aus gesteuert wird. Ein Test über der Ostsee verlief erfolgreich: Das Flugzeug legte 1220 Kilometer über See zurück und spürte einen Dummy auf. Wann „Larus" erstmals in der Praxis eingesetzt wird, steht allerdings noch nicht fest. *red*

Illustration: Ueli Etter

Impressum

mare

VERLEGER
UND CHEFREDAKTEUR
Nikolaus Gelpke (V.i.S.d.P.)

STELLVERTRETENDER CHEFREDAKTEUR
TEXTCHEF
Karl Spurzem
spurzem@mare.de

ART DIRECTOR
Nadja Zobel
zobel@mare.de

PHOTO DIRECTORS
Barbara Stauss, Petra Koßmann
stauss@mare.de, kossmann@mare.de

REDAKTION LEBEN/POLITIK
Dimitri Ladischensky
ladischensky@mare.de

REDAKTION
WIRTSCHAFT/WISSENSCHAFT
Jan Keith
keith@mare.de

REDAKTION KULTUR
Zora del Buono, Martina Wimmer
delbuono@mare.de, wimmer@mare.de

REDAKTION ONLINE
Wiebke Böse
boese@mare.de

LEITUNG MARKETING/KOMMUNIKATION
Jan Lehmköster
lehmkoester@mare.de

VERTRIEBSLEITUNG
Karin Trommer
trommer@mare.de

BUCHHALTUNG
Nicole Steinhauser
steinhauser@mare.de

ORGANISATION
Eva Grünert
gruenert@mare.de

SATZ/LITHOGRAFIE
Andrea Best
best@mare.de

KORREKTORAT
Susanne Feyke

PRODUKTION
HS Printproduktion, Holger Schmirgalski

DRUCK
Druckhaus Kaufmann

VERTRIEB
Stella Distribution GmbH
ISSN 1432-928X
ISBN 978-3-86648-427-6

ABONNEMENTVERTRIEB
QS Quality Service GmbH

ANSCHRIFTEN

Redaktion und Verlag
mareverlag GmbH & Co. oHG
Sandthorquaihof
Pickhuben 2, 20457 Hamburg
Telefon 040/36 98 59-0
Fax 040/36 98 59-99
mare@mare.de, www.mare.de

Redaktionsbüro Berlin
Oranienstraße 10–11
10997 Berlin

Art Direction: Telefon 030/612 86 154
Photo Direction: Telefon 030/617 027 34
Redaktion Kultur: Telefon 030/612 806 93
Fax 030/612 806 94

ABONNEMENTSERVICE

mare-Service
Postfach 11 10 11, 20410 Hamburg
service@abo.mare.de
Telefon +49/(0)40/3007-3536, Fax -853536
Jahresabonnement: 60 Euro
Studentenabonnement: 54 Euro

mare ist stets erhältlich im
Bahnhofs- und Flughafenbuchhandel.

mare erscheint im mareverlag
GmbH & Co. oHG, HRA 90234,
PHG: Dreiviertel Verlag GmbH,
HRB 63029, Nikolaus Gelpke

ANZEIGEN

ANZEIGENLEITUNG mare
Anke Wiegel
Speersort 1, 20095 Hamburg
Telefon 040/3280-345
anke.wiegel@zeit.de

LIFESTYLE
Rudigier Consulting
Telefon 089/3742 6655
Mobil 0160/9094 9098
Steinbacherstraße 8
81675 München
patricia@rudigier-consulting.com

INTERNATIONAL
iq media marketing gmbh
Gerda Gavric-Hollender
Telefon 0211/887-2343
Toulouser Allee 27, 40211 Düsseldorf
gerda.gavric-hollender@iqm.de

ClimatePartner
klimaneutral
Druck | ID 11061-1707-1001

mare wird klimaneutral hergestellt und
an die Abonnenten in einer
kompostierbaren Biofolie versendet.

BILD- UND TEXTNACHWEIS

Bildnachweis
(l.: links; r.: rechts; M.: Mitte; o.: oben; u.: unten)
Titel (Illustration): Olaf Hajek; S. 3: Mathias Bothor/Photoselection; S. 4 v.o.l.n.u.r.: Dmitrij Leltschuk; Gianmarco Maraviglia; Courtesy of the Jersey Heritage Collections; Nicole Strasser; (Ausschnitt) Scott Polar Research Institute/SCIENCE PHOTO LIBRARY; Giacomo d'Orlando; Alfred-Wegener-Institut/Esther Horvath; S. 6/7: mare/Illustration: RB+MKB-Deskkart, Hamburg; S. 10–25: Dmitrij Leltschuk; S. 26 (Karte): Peter Palm, Berlin; S. 28: Giorgio de Chirico, Le retour d'Ulysse, 1968, © VG Bild-Kunst, Bonn 2019, Foto: White Images/Scala, Florence; S. 30–37 (historische Bilder): Archiv L'Associazione Nazionale Subacquei Marina Militare in Congedo; S. 31–38 (Farbbilder): Gianmarco Maraviglia; S. 40: Sammlung Richard und Ronay Menschel, NY; S. 41–45: Courtesy of the Jersey Heritage Collections; S. 49: Elena Marlies; S. 50–55: Joakim Eskildsen/INSTITUTE; S. 58 und 59: Nicole Strasser; S. 61: Nina Vogl; S. 63 (Karte): Peter Palm, Berlin; S. 65 (Illustration): Orlando Hoetzel; S. 67 (Illustration): Olaf Hajek; S. 68: Courtesy of the Naval History & Heritage Command, Catalog #: NH 52199; S. 68 (Faksimile): National Archives at Washington, DC, Online: https://catalog.archives.gov/id/6919193 (Stand: 1/2020); S. 69 und 70: U.S. Naval Institute; S. 71 o.: Image courtesy of Independence Seaport Museum (Philadelphia, PA); S. 71 u.: Courtesy of Hampton Sides; S. 72: INTERFOTO/National Maritime Museum, London/Greenwich Hospital Collection, S. 72 (Faksimile) und 73 (Ausschnitt): Autograph letter to Lady Hamilton, 1800, Horatio Nelson/Private Collection/Photo © Christie's Images/Bridgeman Images; S. 74: © Huntington Library, Art Museum, and Botanical Gardens/Bridgeman Images; S. 76 (inkl. Faksimile): The National Archives of the UK; S. 78: © Imperial War Museum (IWM) (HU 91770); S. 78 (Faksimile): © IWM (Documents.5973/I); S. 79 o.: © IWM (Documents.5973); S. 79 u.: © IWM (ZZZ 2070B); S. 81 (Ausschnitt): © IWM (Documents.5973/I); S. 82: © IWM (Documents.5973/A); S. 83 o.: © IWM (Documents.5973/B); S. 83 u.: © IWM (HU 39625); S. 84 (inkl. Faksimile) und 85: Privatbesitz Bernd Schumacher (S. 85: Leihgabe ans Internationale Maritime Museum Hamburg); S. 86: SLUB Dresden/Deutsche Fotothek/Fritz Eschen; S. 86 (Faksimile) und S. 87 r.: Staats- und Universitätsbibliothek Hamburg, Sammlung Joachim Ringelnatz, Signatur: SJR:1036:5; S. 87 l.: © Joachim-Ringelnatz-Museum; S. 88: INTERFOTO/National Portrait Gallery; S. 88 (Faksimile) und 90: University of Cambridge, Scott Polar Research Institute; S. 91: TopFoto; S. 92: INTERFOTO/National Portrait Gallery; S. 92 (Faksimile) und 95 (Ausschnitt): Henry W. and Albert A. Berg Collection of English and American Literature, The New York Public Library, Reproduced with permission of Curtis Brown Group Ltd, London, on behalf of The Beneficiaries of the Estate of Vita Sackville-West, © Vita Sackville-West 1927; S. 93: INTERFOTO/National Portrait Gallery; S. 96 (beide): aus dem besprochenen Buch, Foto T. Murai; S. 97 (beide): Annika Siems; S. 98: ullstein bild – Fondation Horst Tappe; S. 100: Zabel/Kirchenkreis Dithmarschen; S. 103 (Porträt): Mathias Bothor/Photoselection; S. 104–113: Giacomo d'Orlando; S. 106–114 (Initiale): Vanilleedigital/Dreamstime.com; S. 118: Alfred-Wegener-Institut/Esther Horvath; S. 120: Alfred-Wegener-Institut/Stefan Hendricks; S. 121 (Kasten): Claude Monet, Steilküste von Aval, 1885, Öl auf Leinwand, 65 x 81 Zentimeter, Privatsammlung; S. 121: Severine Baur/Photononstop/mauritius images; S. 124–127 (Illustration unten): Ueli Etter; S. 124: DSM/Hauke Dressler; S. 125: mauritius images/Brian Bjeldbak News Photography/Alamy; S. 125 (Kasten): akg-images; S. 126 o.: Brook Mitchell/Getty Images; S. 126 u.: REUTERS/Luc Gnago; S. 127 o.: Renderings by MIR and Dorte Mandrup; S. 127 u.: Kriki/Christian Groß; S. 128: Heike Ollertz/Ag. Focus; S. 129: Paolo Verzone/Agence VU; S. 130: Marcos Navarro; Heftrücken: Conny Bangert.

Textnachweis
S. 29 l.: Kyriakos Charalambidis, aus: Phelia, Zeitschrift für Europa, Würzburg, www.lyrikline.org; S. 29 r.: Margaret Atwood, Die Mythen, übersetzt von Malte Friedrich, © der deutschen Übersetzung: 2005 Berlin Verlag in der Piper Verlag GmbH, Berlin, © Canongate Books Ltd., Edinburgh; S. 69: Hampton Sides, Die Polarfahrt. Von einer unwiderstehlichen Sehnsucht, einem grandiosen Plan und seinem dramatischen Ende im Eis, mareverlag, Hamburg, 2017, S. 226; S. 71: ebda., S. 387; S. 75: Colin White (Hrsg.), Nelson. The New Letters, The Boydell Press, Woodbridge, 2005, S. 43 f. (übersetzt von Rudolf Mast); S. 77: www.prizepapers.de; S. 80: Übersetzung des Briefes von Rudolf Mast; S. 85: Hans Petersen, Liebe theure Sara und Kinder, Verlag H. M. Hauschild GmbH, Bremen, 2005, S. 21; S. 87: Walter Pape (Hrsg.), Joachim Ringelnatz. Briefe, Karl H. Henssel Verlag, Berlin, 1988, S. 91 f.; S. 89: Shaun Usher (Hrsg.), Letters of Note. Briefe, die die Welt bedeuten, Wilhelm Heyne Verlag, München, 2014, S. 134 f.; S. 94 o.: Louise DeSalvo, Mitchell A. Leaska (Hrsg.), Geliebtes Wesen … Briefe von Vita Sackville-West an Virginia Woolf, S. Fischer Verlag, Frankfurt am Main, 1995, S. 113–116 (Auszug); S. 94 u.: ebda., S. 171.

Der Abonnementauflage von mare sind Beilagen von Wehmeyer & Heinrich hinzugefügt. Wir bitten um freundliche Beachtung.

mare No. 139

April/Mai 2020

ab 7. April im Zeitschriften- und Buchhandel

Camargue

Mystische Sumpflandschaften, riesige Salzgärten und ganz eigene Traditionen – im Süden der Provence, an der Mündung der Rhône, liegt ein Stückchen flaches Land, das so anders ist, dass selbst die Franzosen ins Staunen geraten. Ein Besuch in der Camargue.

Weitere Themen im Heft

Lügendetektoren

Beim wichtigsten Meeresangelturnier der Welt müssen die Sieger einen Lügendetektortest bestehen.

Ostseefischer

Ein mühsames Projekt: Zwei Fotografen wollen sämtliche Ostseefischer ablichten. Gelingt es ihnen?

Kanalschwimmerin

Die Sekretärin Mercedes Gleitze will 1927 als erste Britin durch den Ärmelkanal schwimmen.

Der in Barcelona geborene, heute im baskischen San Sebastián lebende Illustrator und Maler Marcos Navarro deutete für mare den Song „Only the Ocean" von Jack Johnson. „When this world is too much / It will be / Only the ocean and me", heißt es in dem Lied, das wie fast alle Lieder des hawaiianischen Singer-Songwriters und Surfers einen sehnsüchtigen Zug zum Meer hat. Johnson lernte mit fünf das Surfen und begann als Teenager eine vielversprechende Profikarriere. Sie endete, als er wegen einer langen Verletzungspause sein Gitarrespielen intensivierte und Songs schrieb, die seinen Mitsurfern so gut gefielen, dass er 2001 sein erstes Album herausbrachte. Johnson gilt in den USA als Vorzeigegrüner. Er lebt vegan und setzt sich für nachhaltige Meeresprojekte ein.